正しい日本語どっち？500

監修
同志社大学准教授
瀬崎圭二

彩図社

はじめに

私たちは、普段、特に意識せずに日本語を使っています。

しかし、日本語というのは意外と難しいものです。あなたも、使っていた言葉が実は間違っていたと知り、恥ずかしい気持ちになったことがあるのではないでしょうか？

たとえば、「気が置けない」という言葉の意味は、「打ち解けられる」だと思っている人と、「気を許せない」だと思っている人がいるようです。また、「胡乱」や「剽軽」のように簡単には読めない熟語、使い方を間違えやすい慣用句があり、敬語もとっさには出てきません。

本書では、このような多くの人が戸惑う日本語を５００個集めて解説しました。

ただし、言葉は変化します。本書では、本来正しいとされているものを正解としましたが、かつて誤用とされた言葉でも、現在ではそちらのほうが広く使われている場合もあります。今は間違いとされている使い方も、10年後には正しいとされるようになるかもしれません。

本書も何度も読み返していただき、将来に亘り日本語の変化を楽しんでいただければ幸いです。

正しい日本語どっち？　500　目次

はじめに……3

第1章 意味を誤解しやすい言葉 23

▼正しい「意味」はどっち？

001 気が置けない……24
002 情けは人のためならず……24
003 敷居が高い……25
004 役不足……25
005 姑息……26
006 うだつの上がらない……26
007 したたか……27
008 性癖……27
009 水菓子……28
010 御御御付……28
011 噴飯もの……29
012 火中の栗を拾う……29
013 こまねく……30
014 逆鱗に触れる……30
015 小戯れた……31
016 なし崩し……31
017 琴線に触れる……32
018 遺憾……32
019 ぞっとしない……33
020 憮然……33
021 犬も歩けば棒にあたる……34
022 隗よりはじめよ……34
023 他山の石とする……35

024 君子豹変す……35
025 枯れ木も山の賑わい……36
026 天につばする……36
027 瓜田に履を納れず……37
028 流れに棹さす……37
029 最高学府……38
030 天地無用……38
031 閑話休題……39
032 小春日和……39
033 破天荒……40
034 奇特……40
035 世間ずれ……41
036 下世話……41
037 まんじりともしない……42
038 いぎたない……42
039 一姫二太郎……43
040 伯父……43
041 やおら……44
042 おっとり刀……44
043 あわや……45
044 おもむろに……45
045 雨模様……46
046 雨後のたけのこ……46
047 確信犯……47
048 恣意的……47
049 圧巻……48
050 ひもとく……48
051 さわり……49
052 話が煮詰まる……49
053 2015年12月～2017年1月 足かけ何年？……50
054 享年75 亡くなった年齢は？……50
055 3月の末はいつ？……51
056 宵のうちはどの時間帯？……51
057 妙齢……52
058 花も恥じらう……52

第2章 間違えやすい読み

059 名前負け……53
060 すべからく……53
061 浮足立つ……54
062 檄を飛ばす……54
063 割愛……55
064 更迭……55
065 潮時……56
066 当たり年……56
067 黄昏る……57
068 募金……57
069 失笑……58
070 爆笑……58
071 にやける……59
072 うそぶく……59
073 煮え湯を飲まされる……60
074 悲喜こもごも……60

▼正しい「読み」はどっち？

075 雰囲気……62
076 月極……62
077 一入……62
078 間髪を容れず……63
079 独擅場……63
080 貼付……63
081 糟糠の妻……64
082 人口に膾炙する……64
083 金の草鞋……64

084 綺羅星の如く …… 65
085 野に下る …… 65
086 盗人に追い銭 …… 65
087 殺陣 …… 66
088 判官びいき …… 66
089 濃紫 …… 66
090 大時代 …… 67
091 参内 …… 67
092 口伝 …… 67
093 淑やか …… 68
094 清々しい …… 68
095 芳しい …… 68
096 剽軽 …… 69
097 気障 …… 69
098 生一本 …… 69
099 凡例 …… 70
100 重版出来 …… 70
101 一段落 …… 70
102 素読 …… 71
103 等 …… 71
104 件の話 …… 71
105 慟哭 …… 72
106 気色ばむ …… 72
107 呵呵大笑 …… 72
108 進捗 …… 73
109 凋落 …… 73
110 蒐集 …… 73
111 年俸 …… 74
112 時化 …… 74
113 薬玉 …… 74
114 木乃伊 …… 75
115 柴犬 …… 75
116 猪首 …… 75
117 茨城 …… 76
118 指宿 …… 76
119 今治 …… 76

120 枚方……77
121 羽咋……77
122 先斗町……77
123 神々しい……78
124 礼賛……78
125 教会での礼拝……78
126 二世の契り……79
127 一世一代……79
128 一世一元……79
129 老舗……80
130 生業……80
131 出納……80
132 誤謬……81
133 歪曲……81
134 漸次……81
135 上意下達……82
136 画竜点睛……82
137 職人気質……82
138 好事家……83
139 乱高下……83
140 未曽有……83
141 残滓……84
142 直截……84
143 極彩色……84
144 市井……85
145 国際市場……85
146 名代の店……85
147 末期の水……86
148 病膏肓に入る……86
149 壊死……86
150 忌引き……87
151 訃報……87
152 逝去……87
153 日本放送協会……88
154 日本航空……88
155 ＪＲ山手線……88

156 出生率 …… 89
157 他人事 …… 89
158 代替品 …… 89
159 呵責 …… 90
160 遊説 …… 90
161 斜に構える …… 90
162 懇ろ …… 91
163 反故 …… 91
164 悪食 …… 91
165 奇しくも …… 92
166 当て所ない …… 92
167 あり得る …… 92

第3章 迷いやすい慣用句

▼ ○○に入る言葉はどっち？

168 汚名○○ …… 94
169 押しも○○ …… 94
170 寸暇を○○ …… 94
171 ○○入れ時 …… 95
172 ○○に会する …… 95
173 ○○風なことを言う …… 95
174 采配を○○ …… 96
175 薀蓄を○○ …… 96
176 雪辱を○○ …… 96
177 肝に○○ …… 97
178 ○○をうつ …… 97
179 ○○をうつ …… 97
180 怒り心頭に○○ …… 98

181 眉を◯◯ …… 98
182 恨み骨髄に◯◯ …… 98
183 苦虫を◯◯ …… 99
184 ◯◯顔 …… 99
185 ◯◯の不安 …… 99
186 自◯自賛 …… 100
187 一◯懸命 …… 100
188 時期◯◯ …… 100
189 興味◯◯ …… 101
190 ◯◯同体 …… 101
191 五里◯◯ …… 101
192 嫌気が◯◯ …… 102
193 ◯◯で砂をかける …… 102
194 赤ちゃんが◯◯ …… 102
195 ◯◯態度 …… 103
196 ◯◯に小言を言われる …… 103
197 木で◯をくくる …… 103
198 ◯◯と謝る …… 104
199 味◯◯せる …… 104
200 布団を◯◯ …… 104
201 ◯◯を振りまく …… 105
202 念頭に◯◯ …… 105
203 ◯◯の演技 …… 105
204 ◯◯の客 …… 106
205 ◯◯を右折する …… 106
206 ◯◯商人 …… 106
207 荒◯◯ …… 107
208 ◯◯はだし …… 107
209 症◯群 …… 107
210 初心◯◯べからず …… 108
211 袖振り合うも◯◯の縁 …… 108
212 取り付く◯◯もない …… 108
213 上には上が◯◯ …… 109
214 ◯◯の大騒ぎ …… 109
215 ◯◯の夢 …… 109
216 間が◯◯ …… 110

217 明るみに◯◯ 110
218 的を◯◯ 110
219 食指が◯◯ 111
220 声を◯◯ 111
221 熱に◯◯ 111
222 新規◯◯ 112
223 ◯◯をいれる 112
224 ◯◯にも置けない 112
225 ◯◯がきく 113
226 ◯◯をすくう 113
227 喝采を◯◯ 113
228 親◯◯ 114
229 ◯◯に漏れず 114
230 ◯◯付き 114
231 保険◯◯ 115
232 屋上屋を◯◯ 115
233 八王子市は◯◯ 115
234 縁は◯なもの味なもの 116
235 焼け◯◯に火がつく 116
236 ◯◯三寸 116
237 二の句が◯◯ 117
238 火蓋を◯◯ 117
239 胸◯◯に納める 117
240 ◯◯にも盛り上がる 118
241 台風の◯◯で電車が止まった 118
242 古式◯◯ 118
243 存亡の◯◯ 119
244 三日に◯◯ 119
245 ◯◯と議論する 119
246 ◯◯の名月 120
247 精神◯◯が高い 120
248 前人◯◯の偉業 120
249 国◯◯て山河在り 121
250 歯に◯着せぬ 121
251 ◯◯を支払う 121
252 ◯◯漏らさず 122

253 ○○を飲ませる …… 122
254 ○○な効果 …… 122
255 ○○沙汰に及ぶ …… 123
256 恩に○○ …… 123
257 ○○を切る …… 123
258 ○○のおどり食い …… 124
259 ○○を剥ぐよう …… 124
260 寄る○○には勝てぬ …… 124

第4章 身につけておきたい敬語

125

▼正しい「敬語」はどっち?

261 (相手が)来た …… 126
262 求めやすい …… 126
263 「わかりました」 …… 127
264 「持ってきてください」 …… 127
265 「見てください」 …… 128
266 (相手が)言う …… 128
267 (自分が)やる …… 129
268 (自分が)受け取る …… 129
269 「なんの用ですか」 …… 130
270 「今、席にいません」 …… 130
271 名前を聞くとき …… 131
272 リラックスしてほしいとき …… 131
273 座って待ってもらう場合 …… 132
274 担当者が来るまで待ってもらう場合 …… 132
275 来客を連れてきた場合 …… 133
276 どうするか尋ねる場合 …… 133
277 「会いたいです」 …… 134

278 「○○さんですか」……134
279 「○○さんはいますか」……135
280 「戻ってきましたか」……135
281 食べ物を贈るときの言葉……136
282 物を贈るときの言葉……136
283 食べてくださいと伝える場合……137
284 渡してもらえるよう頼む場合……137
285 車を用意したと伝える場合……138
286 ペットがいるか尋ねる場合……138
287 花に水を与える場合……139
288 相手の会社を知っている場合……139
289 口頭で相手の会社を敬って呼ぶ言い方……140
290 相手の会社の部長の呼び方……140
291 先生宛ての手紙の敬称……141
292 大勢に向けて手紙を書くときの敬称……141
293 他社から自社の人に言われたことを伝言すると伝える場合……142
294 社内の人が休んでいることを社外の人に告げる場合……142
295 返事をするのが難しい場合……143
296 電話でつなぎ先が聞きとれなかった場合……143
297 一緒に出掛ける場合……144
298 (自分が)行く場合……144
299 出先から直接帰宅する場合……145
300 分かってもらえたか確認する場合……145
301 聞きたいことがある場合……146
302 質問があるか尋ねる場合……146
303 労をねぎらう場合……147
304 応援する場合……147
305 「久しぶり」……148
306 「聞いてくれてありがとう」……148
307 「体に気を付けてください」……149
308 「お世話になっています」……149
▼お店で使う言葉　正しいのはどっち？
309 注文を確認するとき……150

310 商品を提供するとき …… 150
311 商品を提供するとき② …… 150
312 お会計のとき …… 151
313 「何名様ですか?」に答えるとき …… 151
314 会計を頼むとき …… 151

▼手紙で使う敬語　正しいのはどっち?

315 手紙の書きだしが前略 …… 152
316 手紙の書きだしが謹啓 …… 152
317 ご寛恕いただきたい …… 152
318 ご笑納いただく …… 153
319 ご清覧いただく …… 153
320 ご恵投にあずかる …… 153

▼冠婚葬祭の言葉　正しいのはどっち?

321 「参加してくれてありがとう」 …… 154
322 お通夜のときに持っていく香典の書き方 …… 154
323 結婚式が○○に執り行われた …… 154
324 結婚式での食事のすすめ方 …… 155
325 結婚式でのあいさつ …… 155
326 結婚式でケーキを切るときの表現 …… 155

▼接頭語　正しいのはどっち?

327 本 …… 156
328 理解 …… 156
329 達者 …… 156
330 ゆっくり …… 157
331 「体の具合はどうですか」 …… 157
332 「電話します」 …… 157

▼使い方に迷う敬語　正しいのはどっち?

333 (人前で緊張して)あがる …… 158
334 油を売る …… 158
335 「素敵なスーツだね」 …… 158

第5章 使い分けたい表記

▼「う」と「お」 正しい「表記」はどっち？

336 通り …… 160
337 お待ち遠さま …… 160
338 王様 …… 160
339 放り投げる …… 161
340 十日 …… 161
341 若人 …… 161

▼「じ」と「ぢ」 正しい「表記」はどっち？

342 底力 …… 162
343 身近 …… 162
344 地面 …… 162
345 曽根崎心中 …… 163
346 藤 …… 163
347 紅葉 …… 163

▼「ず」と「づ」正しい「表記」はどっち？

348 一人○○ …… 164
349 稲妻 …… 164
350 人妻 …… 164
351 杯 …… 165
352 片付ける …… 165
353 九十九折 …… 165

▼正しい「送り仮名」はどっち？

354 はなし(をする) …… 166
355 おこなう …… 166
356 かたむく …… 166
357 あたる …… 167
358 めずらしい …… 167
359 ふたたび …… 167

▼正しい「数え方」はどっち？
360 うさぎ……168
361 うに……168
362 カーテン……168
363 うちわ……169
364 テニスコート……169
365 ほうれん草……169
366 マンション……170
367 イカ……170
368 蝶……170
369 神様……171
370 箪笥……171
371 重箱……171
▼正しい「表記」はどっち？
372 シュミレーション／シミュレーション……172
373 カピバラ／カピパラ……172
374 カロテン／カロチン……172
375 ウオツカ／ウオッカ……173
376 コンピューター／コンピュータ……173
377 アボカド／アボガド……173
▼正しい「言い換え」はどっち？
378 食べることができる……174
379 通ることができる……174
380 喋ることができる……174
381 切ることができる……175
382 着ることができる……175
383 来ることができる……175
▼正しい「数」はどっち？
384 1坪……176
385 1里……176
386 1斤……176
387 1斗……177
388 1町……177
389 1尺……177
▼正しい「漢字」はどっち？
390 目があう……178

391 あたたかい飲み物 178
392 本性をあらわす 178
393 あわせて健康を祈る 179
394 いしの疎通をはかる 179
395 時代をうつす 179
396 昭和うまれ 180
397 領土をおかす 180
398 証拠をおさえる 180
399 商品を取引先におさめる 181
400 かいそうを食べる 181
401 料金をかいていする 181
402 テストのかいとう 182
403 家庭をかえりみる 182
404 1かげつ 182
405 自由がた 183
406 頭がかたい 183
407 かわ製の鞄 183
408 クラスがえ 184
409 絵画をかんしょうする 184
410 かんしんに耐えない 184
411 扇風き 185
412 きうんが高まる 185
413 会社こうせい法 185
414 予想をこえる 186
415 祖父のさいごに立ち会う 186
416 保育し 186
417 国語じてん 187
418 レモンをしぼる 187
419 じゃっかん20歳 187
420 入会をすすめる 188
421 過去をせいさんする 188
422 犯人をついきゅうする 188
423 比較たいしょうする 189
424 岬にたつ灯台 189
425 議長をつとめる 189
426 仲間どうし 190

427 はじめてくる場所 …… 190
428 切手をはる …… 190

第6章 知っていると差がつく日本語

191

▼正しい「読み」はどっち?
429 忖度 …… 192
430 胡乱 …… 192
431 忸怩 …… 193
432 鼎談 …… 193
433 濫觴 …… 194
434 儀仗 …… 194
435 素封家 …… 195
436 謙抑 …… 195
437 恬淡 …… 196
438 嘱目 …… 196
439 阿諛便佞 …… 197
440 擅断 …… 197
441 弥栄 …… 198
442 傾城 …… 198
443 病葉 …… 199
444 諫言 …… 199

▼正しい「意味」はどっち?
445 権謀術数をめぐらす …… 200
446 天網恢恢疎にして漏らさず …… 200
447 盛観 …… 200
448 声望 …… 201
449 兼摂 …… 201
450 廉潔 …… 201

451 奏上 202
452 裁可 202
453 巧言令色 202
454 要諦 203
455 閨閥 203
456 衷心 203
457 払底 204
458 披瀝 204
459 端倪すべからず 204
460 灌木 205
461 隠然 205
462 清冽 205
463 峻拒 206
464 瀑布 206
465 白眉 206
466 剽悍 207
467 驟雨 207
468 月下氷人 207

▼論語　正しいのはどっち？
469 志学は何歳？ 208
470 而立は何歳？ 209
471 「四十にして○○」○○に入るのは？ 209
472 60歳の別称は？ 208

▼正しい「年齢」はどっち？
473 孩提は何歳？ 210
474 破瓜は何歳？ 210
475 華寿の別名は？ 210
476 古希の正しい順番は？ 211
477 傘寿は何歳？ 211
478 皇寿の別名は？ 211

▼古語　正しい「意味」はどっち？
479 をかし 212
480 あはれ 212
481 なまめかし 212
482 やさし 213
483 ありがたし 213

484 はしたなし……213
▼二十四節季　正しいのはどっち？
485 雨水は何月何日？……214
486 啓蟄の正しい順番はどっち？……214
487 芒種の正しい意味はどっち？……214
488 大雪の正しい順番はどっち？……215
489 白露の正しい順番はどっち？……215
490 8月にあるのはどっち？……215
▼陰暦　正しいのはどっち？
491 睦月は何月？……216
492 如月の正しい読み方はどっち？……216
493 文月の正しい順番はどっち？……217
494 霜月の正しい順番はどっち？……217
▼月の名称　正しいのはどっち？
495 二日月の別名はどっち？……218
496 上弦の月はどっち？……218
497 十日夜の正しい読み方はどっち？……218
498 十六日の正しい読み方はどっち？……219
499 更待月の別名はどっち？……219
500 三日月の異称として正しいのはどっち？……219
参考文献……220

第1章

意味を誤解しやすい言葉

001

正しい「意味」はどっち？

気が置けない

A・打ち解けられる
B・気を許せない

答え A

「気が置ける」の「気」は「あれこれ考えてしまう心」のことで、これを「ない」で否定するので、「打ち解けられる」という意味になります。

002

正しい「意味」はどっち？

情けは人のためならず

A・情けをかけるのは相手のためにならない
B・めぐりめぐって自分に良いことがある

答え B

人に親切にすると自分に良いことがあるという意味。「人のためならず」は「人のためなり」の否定形なので、人のためではないという意味になります。

正しい「意味」はどっち？

003

敷居が高い

A・高級すぎて入りにくい

B・負い目があって入りにくい

答え B

「敷居が高い」は、不義理をしたり、迷惑をかけたりして相手の家に行きにくいこと。高級すぎて入りにくい、ハードルが高い、という意味はありません。

正しい「意味」はどっち？

004

役不足

A・与えられた仕事が力量よりも軽すぎる

B・自分の力量が与えられた仕事よりも低い

答え A

「力不足」（役目をこなす力量がないこと）と混同されがちですが、「役不足」は「能力に対して役目が軽すぎる」という反対の意味なので注意が必要です。

正しい「意味」はどっち？

005

姑息《こそく》

A・ずるい

B・その場逃れ

答え B

「姑」は「とりあえず」、という意味なので、「姑息」は一時逃れという意味です。ずるい、卑怯という意味で使われることがありますが、間違いです。

正しい「意味」はどっち？

006

うだつの上がらない

A・頼りがいがない

B・ぱっとしない・出世しない

答え B

「うだつ」の由来は諸説ありますが、一説を挙げると、家屋の「うだち」が常に棟木《むなぎ》に頭を押さえられているように見える、というものがあります。どの説にも「頼りがいがない」という意味はありません。

正しい「意味」はどっち？

007

したたか

A・手ごわい

B・ずるがしこい

答え A

「したたか」は「強か」「健か」と書き、非常に手ごわい、もしくは強いという意味があります。

正しい「意味」はどっち？

008

性癖

A・性的な癖

B・性格の偏り

答え B

「性癖」は生まれながらの癖や性質の偏りのことです。「性」の字から「性的な癖・傾向」と誤解されることがありますが、そのような意味はありません。

009

正しい「意味」はどっち？

水菓子

A・くだもの
B・ようかん

答え A

かつては「菓子」が果物の意味でしたが、菓子が果物以外もさすようになったため、「水」をつけて区別するようになりました。

010

正しい「意味」はどっち？

御《お》御《み》御《お》付《つけ》

A・漬物
B・味噌汁

答え B

お味噌汁の丁寧な言い方のことです。

正しい「意味」はどっち？

011

噴飯もの

A・おかしくてたまらない

B・激怒する

答え

A

おかしくてたまらずに口に入れたお米を吹き出してしまうことから、吹き出して笑うという意味です。「噴」と、いきどおることを意味する「憤」が似ていることから怒るという意味と誤解されることがあります。

正しい「意味」はどっち？

012

火中の栗を拾う

A・他人のために危険を冒す

B・自分のために危険を冒す

答え

A

フランスの詩人、ラ・フォンテーヌの寓話『ベルトランとラトン』で描かれている、猿に一緒に食べようとそそのかされた猫が火中の栗をかき出したものの、猿にすべて食べられてしまうという話が元になっています。

正しい「意味」はどっち？

013

こまねく

A・準備する

B・なにもできない

答え B

腕を組んでいるという意味の言葉「拱《こまぬ》く」がなまったもので、そこから転じて、何もせずただ傍観しているという意味があります。

正しい「意味」はどっち？

014

逆鱗《げきりん》に触れる

A・目上の人を怒らせる

B・他人を怒らせる

答え A

「逆鱗」とは竜のあごの下の鱗のことです。これに触れると怒って竜がその人を殺してしまうという韓非子の故事から、目上の人を怒らせることを「逆鱗に触れる」というようになりました。

正しい「意味」はどっち？

015

小《こ》戯《じゃ》れた

A・おしゃれな
B・くだらない

答え B

「小じゃれた」とも書き、「ふざけた」「くだらない」という意味を持ちます。「こ」は接頭語です。ちなみに、最近では「小洒落た」と書いた場合は、「ちょっとおしゃれ」という意味で使うこともあるようです。

正しい「意味」はどっち？

016

なし崩し

A・少しずつ済ませる
B・うやむやにする

答え A

「済し崩し」と書き、物事を少しずつ済ませていくという意味があります。

正しい「意味」はどっち？

017

琴線《きんせん》に触れる

A・激怒する

B・感動する

答え B

「琴線」とは琴に張った糸のことで、糸をかき鳴らすことで美しい音色を奏でる琴に、物事に触れて動く心をたとえた表現です。感動して共鳴する繊細な心境を表しています。

正しい「意味」はどっち？

018

遺憾《いかん》

A・不愉快に思う

B・残念に思う

答え B

「遺」は「残る」、「憾」は「残念に思う」「物足りなく思う」という意味です。そのため「遺憾」の意味は「残念に思う」となります。

正しい「意味」はどっち？

019

ぞっとしない

A・怖くない

B・感心しない

答え B

「ぞっとしない」は、「感心しない」、「面白くない」という意味で、怖くない、という意味はありません。

正しい「意味」はどっち？

020

憮然《ぶぜん》

A・失望して呆然とする

B・腹を立てる

答え A

「憮」は「がっかり」、「むなしい」、の意味で、「憮然」は失望したりぼんやりしたりすること。「憮」のイメージが「憤」に近いせいか、怒ったりすることと間違えられがちですが、そのような意味はありません。

正しい「意味」はどっち？

021

犬も歩けば棒にあたる

A・フラフラしていると酷い目にあう

B・動きまわっていれば何か良いことにあたる

答え A

「あたる」という語感から、良いことがあると解釈されることもありますが、本来は棒で叩かれるという意味なので、良くないことが起こることのたとえです。

正しい「意味」はどっち？

022

隗《かい》よりはじめよ

A・身近なところからはじめる

B・一からはじめる

答え A

「隗」とは、中国の政治家、郭隗《かくかい》のこと。隗が、仕えていた王に賢者を招く方法を尋ねられた際、「まず隗（自分）のような凡庸な者を重用すれば、隗よりすぐれた人物が集まってくる」と述べたことが由来です。

正しい「意味」はどっち？

023

他山の石とする

A・良い見本とする

B・他人の悪い言動を自分の行いの参考にする

答え B

人の間違った言動も自分を磨くことに役立つという意味です。『詩経』の中の、他所の山から出る粗悪な石も玉を磨くのに役に立つという話が元になっています。

正しい「意味」はどっち？

024

君子豹変《くんしひょうへん》す

A・立派な人は過ちに気がついたらすぐに改めることができる

B・立派な人が突然本性を現す

答え A

君子は間違いがあったときにそれを認めて正しいほうに、豹の毛が生え変わるように鮮やかに変化するという意味です。

正しい「意味」はどっち？

025

枯れ木も山の賑わい

A・たくさんあつまると賑やかでよい

B・つまらないものでもないよりはマシ

答え B

枯れ木でもないよりはマシであるという意味であって、賑やかでよいという意味はありません。

正しい「意味」はどっち？

026

天につばする

A・他人を害そうとしてしたことが自分に返ってくる

B・自分より上の存在を冒涜《ぼうとく》する

答え A

空（天）に向かってつばを吐いたら落ちてきて自分にかかるというのが由来です。

正しい「意味」はどっち？

027

瓜田《かでん》に履《くつ》を納《い》れず

A・汚れ仕事は避けるべきである

B・疑われるようなことはするべきではない

答え

B

「瓜田に履を納れず、李下《りか》に冠《かんむり》を正さず」で、盗人と間違えられないように瓜の田んぼのそばでは靴を履きなおさない、スモモの木の下では冠をなおさない、つまり「疑われるようなことはしない」という意味です。

正しい「意味」はどっち？

028

流れに棹《さお》さす

A・流れに乗る

B・その場に留まろうとする

答え

A

川くだりで船頭が船を進める際に棹を水底にさして流れに乗ることから、順調に物事を進める、時流に乗る、などの意味があります。

029

正しい「意味」はどっち？

最高学府

A・東京大学

B・大学

答え B

最高学府は最も程度の高い学校のことで、主に大学をさして使用する言葉です。そのため、東京大学以外の大学も含まれます。

030

正しい「意味」はどっち？

天地無用

A・天地（荷物の上下）は気にしなくてよい

B・天地（荷物の上下）を変えてはいけない

答え B

無用には、「必要がない」の他に、「してはならない」という意味もあります。「天地無用」の無用は後者の意味なので、上下を逆さまに扱ってはならないという意味になります。

正しい「意味」はどっち？

031

閑話休題《かんわきゅうだい》

A・余談を断ち切って本筋に戻す

B・休みに挟む小話

答え A

「閑話」は無駄話のこと、「休題」は話を止める、という意味があります。そのため「閑話休題」で「無駄話を止める」という意味になります。

正しい「意味」はどっち？

032

小春日和

A・晩秋から初冬の春のような日

B・暖かい春の日

答え A

小春とは、陰暦の10月（現在の11月頃）の異称であり、小春日和は晩秋から初冬にかけての、晴れて暖かな春のような日のことをさします。

正しい「意味」はどっち？

033

破天荒

A・豪快で常識はずれな様

B・誰もしなかったことをする

答え B

誰もしなかったことを成し遂げること。「天荒」とは未開の地のことです。唐代、科挙の合格者がなかなか出なかった時期があり、ついに合格者が出た際に、それを「天荒を破った」と称したことが由来です。

正しい「意味」はどっち？

034

奇特

A・変人

B・優れた珍しい人

答え B

「奇」という字から「奇人」「変人」という言葉を連想してしまいがちですが、「奇特」の「奇」は「優れている」という意味であり、一般人にはできないようなことをする優れた珍しい人をさします。

正しい「意味」はどっち？

035

世間ずれ

A・世間を渡ってずるがしこくなっている

B・世間的な考え方から外れている

答え A

生活で苦労をしたために純粋ではなくなってしまっていること。「世間擦れ」と書きます。世間知らずや世間と感覚がずれているという意味はありません。

正しい「意味」はどっち？

036

下世話

A・世間話

B・下品な話

答え A

「下世話」は「下」という字がついているためか、「いやしい」「下品な」という意味だと思っている人もいるようですが、本来の意味は「世間でよく口にする言葉」「世間の噂」などです。

正しい「意味」はどっち？

037

まんじりともしない

A・少しも眠らない
B・少しも動かない

答え A

「まんじり」とはうたた寝をすること。「まんじりともしない」は「うたた寝もしない」ということなので、まったく眠らないという意味になります。

正しい「意味」はどっち？

038

いぎたない

A・眠り込んでなかなか起きない
B・意地汚い

答え A

「いぎたない」とは「寝穢い」と書き、眠り込んで起きない、寝姿がだらしないという意味です。「意地汚い」とは音は似ていますが、関係ありません。

正しい「意味」はどっち?

039

一姫二太郎

A・最初が女の子、次が男の子

B・女の子一人、男の子二人

答え

A

子どもは最初は女の子、二人目は男の子が育てやすいという意味。近年では、女の子一人、男の子二人が良いという意味だと勘違いされていることがあるようです。

正しい「意味」はどっち?

040

伯父《おじ》

A・父親か母親の兄

B・父親か母親の弟

答え

A

父、母の兄を「伯父」、弟を「叔父」と書きます。読み方はどちらも「おじ」です。ちなみに他人の年配の男性を「おじさん」と呼ぶときは「小父さん」と書きます。

正しい「意味」はどっち？

041

やおら

A・落ち着いてゆっくりと

B・大急ぎで

答え A

ゆっくりと、おもむろに、の意味。「突然に」、「急に」などの意味があると勘違いされがちですが、そのような意味はありません。この勘違いは「やにわに」（その場ですぐすること）との混同が原因と考えられます。

正しい「意味」はどっち？

042

おっとり刀

A・急いで

B・のんびりと

答え A

武士が刀を腰にもさささず手に持ったまま駆けつけたことから転じて、緊急時に取るものも取らず、慌てて駆けつけることを意味します。「おっとり」という音からのんびりしているように誤解されがちです。

正しい「意味」はどっち？

043

あわや

A・あとちょっとでできそう

B・あと少しで酷い目に遭うところだった

答え B

寸前のところ、危ういところという意味。「あわや合格するところだった」など、「あとちょっと」のニュアンスで使うと、そうなってしまっては良くないと考えているようにとられてしまうので注意が必要です。

正しい「意味」はどっち？

044

おもむろに

A・ゆっくりと

B・突然に

答え A

動作などがゆっくりとしていること。「徐に」と書きます。突然に、不意に、という意味はありません。

正しい「意味」はどっち？

045

雨模様《あまもよう》

A・今、雨が降っている

B・今にも雨が降りそう

答え B

雨が降りそうな様子のこと。降ったりやんだりしているわけではないので注意が必要です。

正しい「意味」はどっち？

046

雨後のたけのこ

A・成長が早い

B・相次いで出てくる

答え B

雨の後にたけのこが次々と生えてくることから、似たような物事が続いて起こることを表します。

正しい「意味」はどっち？

047

確信犯

A・信念をもって犯罪を犯すこと

B・悪いと分かっていながら犯罪を犯すこと

答え A

「確信犯」は政治信条などを正しいと確信して行う政治犯や思想犯に対して使う言葉です。

正しい「意味」はどっち？

048

恣意《しい》的

A・自分勝手に

B・目的をもって

答え A

「恣」は勝手気ままにすること、「意」は心の動きのことですので、「恣意」で自分勝手な考えという意味になります。

正しい「意味」はどっち？

049

圧巻

A・圧倒的

B・素晴らしい部分

答え B

書物や催し物の中で最も優れた部分のこと。かつて中国の官吏登用試験で、最も優れている答案（＝巻）を一番上にのせたことが由来です。

正しい「意味」はどっち？

050

ひもとく

A・書物を読む

B・謎を解く

答え A

「ひもとく」は「繙く」「紐解く」と書きます。損傷を防ぐために書物を包んでいる覆いの紐を解くことが由来で、書物を開いて読むことをさします。

正しい「意味」はどっち？

051

さわり

A・話のはじめ

B・話のメイン

答え B

もともとは義太夫節の一番の聞かせどころのこと。そこから転じて、歌や話の中心、一番感動する部分という意味を持つようになりました。「最初の部分」という意味はありません。

正しい「意味」はどっち？

052

話が煮詰まる

A・話がまとまり、結論に近づく

B・話が進まなくなる

答え A

煮詰まること、つまり水分がなくなることから転じて、意見などが出つくして結論に近づくことを意味します。

正しい「意味」はどっち？

053

2015年12月～2017年1月
足かけ何年？

A・2年
B・3年

答え B

「足かけ」は年数などを数える場合に、前後の端数をそれぞれ1に繰り上げておおよその数を示すことです。そのため、2015年の12月と2017年の1月もそれぞれ1年と数えられ、3年になります。

正しい「意味」はどっち？

054

享年75
亡くなった年齢は？

A・満年齢で76歳
B・満年齢で74歳

答え B

「享年」は天からうけた年数のこと、伝統的には数え年（生まれた年を1歳とし、元旦ごとに年をとる）で死んだ年齢のことを表します。しかし、近年では満年齢（生まれた年を0歳とし、誕生日に年をとる）で表記することもあるようです。

正しい「意味」はどっち？

055

3月の末《まつ》はいつ？

A・29～31日ごろ（月の終わりの数日間）

B・31日（その月の最終日）

答え **B**

「○月のまつ」はその月の最終日のこと。「月の終わりの数日間」の場合は「○月のすえ」といいます。

正しい「意味」はどっち？

056

宵のうちはどの時間帯？

A・日が暮れて間もない時間

B・真夜中

答え **A**

「宵のうち」は本来は日が暮れてからまだ間もない時間のこと、日没後2、3時間のことをさしました。しかし、近年はもう少し遅い時間だと思っている人が増えています。

057

正しい「意味」はどっち？

妙齢《みょうれい》

A・年をとった女性

B・若い女性

答え B

「妙齢」はうら若い年頃のことですが、ときどき「微妙な年齢」と勘違いして使われていることがあります。

058

正しい「意味」はどっち？

花も恥じらう

A・美しい

B・恥ずかしがってもじもじする

答え A

花も引け目を感じてしまうくらい美しい若い女性のこと。若い女性が恥ずかしがるという意味はありません。

正しい「意味」はどっち？

059

名前負け

A・名前を聞いてしり込みする

B・名前に実体が負けている

答え B

名前が立派すぎて実体が劣って見えることをさします。

正しい「意味」はどっち？

060

すべからく

A・ぜひとも

B・みんな

答え A

ぜひともという意味。「すべて」と混同して、みんな、全員というような意味で使われることもありますが、そのような意味はありません。「すべからく〜べし／べきである」というように使います。

正しい「意味」はどっち？

061

浮足立つ

A・不安から落ち着きをなくす

B・嬉しくて舞い上がる

答え A

「浮足」とはつま先だけが地面についている状態のことで、ここから転じて「落ち着かない」という意味です。嬉しい時には使いません。

正しい「意味」はどっち？

062

檄《げき》を飛ばす

A・自分の考えを広め同意を求める

B・励ます

答え A

「檄」はかつて使用された、人を呼び集める主旨が記された木札のことで、積極的に行動するように人々に文章で促すことを意味します。最近は誤用が定着し、「励ますこと」の意で使われることもあります。

正しい「意味」はどっち？

063

割愛

A・簡単にするために一部を省く

B・惜しいと思いながら手放す

答え B

「省略」と同じ意味のように使われがちですが、「割愛」は「愛」を「割《かつ》」、つまり分ける、切ると書きますので、同じように端的にするといっても、「割愛」は惜しいものを思い切って手放すという意味になります。

正しい「意味」はどっち？

064

更迭《こうてつ》

A・辞めさせる

B・役目を変える

答え B

地位や役職を他の人と変えること。「大臣を更迭する」などのように使います。

正しい「意味」はどっち？

065

潮時

A・ちょうど良いとき
B・引き際

答え A

満潮、干潮の時刻、もしくは何かを始めたり終えたりするのにちょうど良い時期、という意味です。

正しい「意味」はどっち？

066

当たり年

A・良いことも悪いこともよく起きる年
B・良いことがよく起きる年

答え B

収穫や利益が多い年、縁起の良い年のことをいいます。そのため、「台風の当たり年」のように悪いことに対して使うのは間違いです。

正しい「意味」はどっち？

067

黄昏《たそがれ》る

A・ぼーっとする

B・夕方になる

答え B

夕方、暗くなってきて人の顔が見分けられなくなってくる時間帯を表す「黄昏」が動詞化したもので、夕方になることを意味します。夕暮れをぼーっと眺めている、という意味はありません。

正しい「意味」はどっち？

068

募金

A・寄付金を募る

B・お金を寄付する

答え A

「募金」は「寄付金を募る」ことです。そのため、お金を寄付した側が「募金をした」というのは本来間違っています。

正しい「意味」はどっち？

069

失笑

A・思わず笑いを漏らしてしまう

B・あきれる

答え A

笑ってはいけないような状況で思わず笑ってしまうこと。笑われてしまった場合は「失笑を買う」といいます。

正しい「意味」はどっち？

070

爆笑

A・大勢で笑う

B・大笑いする

答え A

「爆笑」は大勢が一斉にどっと笑うことです。一人で大笑いしている場合は「爆笑」とはいえません。

正しい「意味」はどっち?

071

にやける

A・なよなよした男性

B・にやにやする

答え A

「若気《にやけ》」(男子の色めいた姿のこと)を動詞化したものですので、男性の見た目や物腰が女々しい様子であるという意味です。

正しい「意味」はどっち?

072

うそぶく

A・そ知らぬ振りをする

B・嘘をつく

答え A

とぼけて知らない振りをすること。「嘯く」と書きますが、「嘘吹く」と誤解されて嘘をついているという意味で使用されていることもあります。

073

正しい「意味」はどっち？

煮え湯を飲まされる

A・敵に酷い目に遭わされる

B・身内に裏切られる

答え B

信用して気を許していた相手に裏切られ、酷い目に遭わされること。他人や嫌いな人から被害を受けた場合には使いません。

074

正しい「意味」はどっち？

悲喜こもごも

A・悲しいことと嬉しいことが交互に起こる

B・悲しんでいる人も喜んでいる人もいる

答え A

一人の人間の中で悲しみと喜びが交互に起こることで、たくさんの人が喜んだり悲しんだりしている様子に対して使用するのは間違いです。

第2章

間違えやすい読み

075

正しい「読み」はどっち？

雰囲気

A・ふんいき

B・ふいんき

答え A

「雰」は「ふん」、「囲」は「い」、「気」は「き」と読むので「ふんいき」です。

076

正しい「読み」はどっち？

月極

A・げっきょく

B・つきぎめ

答え B

一月ごとの契約、月ごとに始末をつける、という意味です。「極《き》め」は「決め」とも書き、決めること、決定という意味があります。

077

正しい「読み」はどっち？

一入

A・ひとしお

B・いちにゅう

答え A

ひときわ、一層という意味。染物を染め液につけると色が濃くなるというのが語源です。「入《しお》」とは染物を染め液にいれる回数のことで「一入」で一度つける、という意味です。

078

正しい「読み」はどっち？

間髪を容れず

A・かんぱつ

B・かんはつ

答え B

髪1本入れる隙間もないほど緊迫した状態のこと。正確には「かん、はつ（をいれず）」と読みます。

079

正しい「読み」はどっち？

独擅場

A・どくだんじょう

B・どくせんじょう

答え B

本来の読みとして正しいのは「どくせんじょう」です。「どくだんじょう」は「擅《せん》」を「壇《だん》」と見間違えたことからの誤読です。ただし、近年は「独壇場」と表記されることが多く、これが一般に定着しつつあります。

080

正しい「読み」はどっち？

貼付

A・ちょうふ

B・はりつけ

答え A

貼り付けること。「はりつけ」の場合は送り仮名が必要なので「貼り付け」となります。

081

正しい「読み」はどっち？

糟糠の妻

A・そうとう

B・そうこう

答え B

「糟糠《そうこう》」は米ぬかと酒かすのことで、貧しい食事を意味します。「糟糠の妻」とは、立身出世した男性の、貧しい頃から苦労をともにしてきた妻に対して使用される言葉です。

082

正しい「読み」はどっち？

人口に膾炙する

A・かいしゃ

B・かいえん

答え A

「膾《かい》」はなますのこと、「炙《しゃ》」はあぶった肉のことで、両者が万人に好まれることから、多くの人に好まれ、話題に上って知れ渡ることを意味します。

083

正しい「読み」はどっち？

金の草鞋

A・かね

B・きん

答え A

この場合の「金」はゴールドのことではなく「金属製」のこと。金属性のものでできた草鞋《わらじ》＝いくら履いても擦り切れない＝根気強い、という意味になります。

084

正しい「読み」はどっち？

綺羅星の如く

A・きらぼしのごとく
B・きらほしのごとく

答え B

綺羅は美しい着物のことで、「綺羅《きら》、星《ほし》の如く」で華やかな衣装が夜空に輝く星のようだという意味となり、転じて美しい人や有能な人がたくさんいることを意味するようになりました。

085

正しい「読み」はどっち？

野に下る

A・や
B・の

答え A

官職を離れ、民間人になること。「野」を「や」と読む場合、「官職につかない」「民間」という意味ができます。

086

正しい「読み」はどっち？

盗人に追い銭

A・せん
B・ぜに

答え A

泥棒に物を盗まれた上に、追加して金銭を支払うことから、損に損を重ねるという意味です。

087

正しい「読み」はどっち？

殺陣

A・さつじん

B・たて

答え B

「殺陣《たて》」は、時代劇などの刀を使用した戦闘シーンで、立ち回りが様になるようにつくる陣形のことです。

088

正しい「読み」はどっち？

判官びいき

A・はんがん

B・ほうがん

答え B

「判官《ほうがん》びいき」は弱者に対して第三者が同情したりひいきしたりすることで、これは悲運な人生を送った源義経が判《ほう》官《がん》という身分にあったことからできた言葉です。「はんがん」と読む場合は裁判官を意味します。

089

正しい「読み」はどっち？

濃紫

A・こむらさき

B・こいむらさき

答え A

黒みを帯びた濃い紫色のことで、深紫《ふかむらさき》ともいいます。

090

正しい「読み」はどっち？

大時代

A・おおじだい

B・だいじだい

答え **A**

古びていて時代がかっていること。歌舞伎や浄瑠璃などで源平以前を題材としたものを「大時代物《おおじだいもの》」と呼ぶことに由来します。

091

正しい「読み」はどっち？

参内

A・さんだい

B・さんない

答え **A**

内裏《だいり》＝宮中に参上することなので「さんだい」と読みます。

092

正しい「読み」はどっち？

口伝

A・くでん

B・こうでん

答え **A**

奥義や秘密などを口頭で教え伝えることです。

093

正しい「読み」はどっち？

淑やか

A・しと
B・たお

答え A

上品で優美な様。たおやかは漢字で書くと「嫋やか」となります。

094

正しい「読み」はどっち？

清々しい

A・きよきよ
B・すがすが

答え B

爽やかでさっぱりしていることです。

095

正しい「読み」はどっち？

芳しい

A・かぐわ
B・はかばか

答え A

「かぐわしい」は「馨しい」「香しい」とも書き、香りが良いことを意味します。「はかばかしい」は「捗々しい」と書き、「効果があがる」「際立っている」などという意味があります。

096

正しい「読み」はどっち？

剽軽

A・ひょうけい

B・ひょうきん

答え B

「剽《ひょう》」は「おびやかす」「掠め取る」「はやい」という意味が、「軽《きん》」には「かるはずみ」「かろんじる」という意味があります。「きん」は唐音です。あわせて、気軽で滑稽なことをさします。

097

正しい「読み」はどっち？

気障

A・きざ

B・きしょう

答え A

気《き》障《ざわ》りの略。きどった態度のことです。

098

正しい「読み」はどっち？

生一本

A・なまいっぽん

B・きいっぽん

答え B

まじりけのないこと。気持ちが真っ直ぐなことです。

099

正しい「読み」はどっち？

凡例

A・ぼんれい

B・はんれい

答え B

辞書などのはじめのところに書かれているその使い方。「はん」と読む場合は「凡例《はんれい》」などのように「おおよそ」「すべて」という意味で、「凡人《ぼんじん》」「平凡《へいぼん》」など「ぼん」と読む場合は「普通」「並」という意味で使われることがほとんどです。

100

正しい「読み」はどっち？

重版出来

A・じゅうはんしゅったい

B・じゅうはんでき

答え A

「重版」とは書籍が増刷されること、「出来《しゅったい》」とは事件が起きること、物が出来上がること。あわせると、「書籍の増刷が出来上がった」という意味になります。

101

正しい「読み」はどっち？

一段落

A・ひとだんらく

B・いちだんらく

答え B

物事の区切り、文章の段落のこと。「ひとだんらく」という誤読が起きるのは、「一区切り《ひとくぎり》」などの影響だと思われます。

102

正しい「読み」はどっち？

素読

A・そどく

B・すどく

答え A

書物の内容や意味について考えず、ただ音読することです。

103

正しい「読み」はどっち？

等

A・など

B・とう

答え B

常用漢字表には「など」は読み方として掲載されていません。

104

正しい「読み」はどっち？

件の話

A・けん

B・くだん

答え B

「件《くだり》」（記述の一部、前文にあげた事）が変化したもので、「例の」「前述の通り」という意味です。

105
正しい「読み」はどっち？

慟哭

A・どうがい
B・どうこく

答え **B**

「慟《どう》」はひどく悲しむこと、「哭《こく》」は「大声で泣くこと」ですので、大声を上げて泣き、悲しむという意味になります。

106
正しい「読み」はどっち？

気色ばむ

A・きしょく
B・けしき

答え **B**

怒りなどの気持ちが顔に表れること。古典では「きしょくばむ」と読む場合もありましたが、現代では「けしきばむ」としか読みません。

107
正しい「読み」はどっち？

呵呵大笑

A・かかたいしょう
B・ああおおわらい

答え **A**

「呵呵《かか》」は「あっはっは」と笑うことです。「呵呵大笑」で「カラカラと大声で笑う」、という意味になります。

108

正しい「読み」はどっち？

進捗

A・しんちょく
B・しんぽ

答え A

物事が進みはかどることを意味します。

109

正しい「読み」はどっち？

凋落

A・ちょうらく
B・しゅうらく

答え A

「凋落《ちょうらく》」とは落ちぶれること。「凋」のつくり「周」につられて「しゅうらく」と読んでしまいがちですが間違いです。

110

正しい「読み」はどっち？

蒐集

A・きしゅう
B・しゅうしゅう

答え B

「蒐《しゅう》」は「寄せ集める」こと。「蒐集《しゅうしゅう》」で「あちこちからいろいろ集める」という意味になります。

111

正しい「読み」はどっち？

年俸

A・ねんぽう

B・ねんぼう

答え **A**

「俸」を「棒」と見間違えて「ねんぼう」と読んでしまいがちですが、「ねんぽう」が正解です。

112

正しい「読み」はどっち？

時化

A・じか

B・しけ

答え **B**

強い風雨のために海が荒れることを意味します。「時化」は当て字とみられています。

113

正しい「読み」はどっち？

薬玉

A・やくだま

B・くすだま

答え **B**

「くすだま」は造花で作った玉に飾りの紐をつけたもので、端午《たんご》の節句の際に魔よけとして飾られていたものが発祥です。現在では運動会や式典などで玉が割れて中から紙片などが出てくるものもあります。

正しい「読み」はどっち？

114
木乃伊

A・みいら
B・きのい

答え A

人間などの死体がそのままの形で乾燥して固まったもののことです。「ミイラ＝mirra」はポルトガル語で、没薬《もつやく》という防腐剤のことをさしていました。

正しい「読み」はどっち？

115
柴犬

A・しばいぬ
B・しばけん

答え A

正式名称は「しばいぬ」です。土佐犬、秋田犬も同様に「とさいぬ」「あきたいぬ」が正式名称です。

正しい「読み」はどっち？

116
猪首

A・いのくび
B・いくび

答え B

「猪頸」とも書き、猪の首のように太く短い首のことをさします。

117

正しい「読み」はどっち？

茨城

A・いばらき

B・いばらぎ

答え A

茨城県、茨城県茨城市、大阪府茨木市も「いばらき」と読みます。

118

正しい「読み」はどっち？

指宿

A・ゆびやど

B・いぶすき

答え B

鹿児島県薩摩半島南東端の市。砂風呂の温泉が有名です。

119

正しい「読み」はどっち？

今治

A・いまじ

B・いまばり

答え B

愛媛県北部の市。タオルの生産地として有名です。

120

正しい「読み」はどっち？

枚方

A・ひらかた
B・まいかた

答え A

大阪府北東部の市のことです。

121

正しい「読み」はどっち？

羽咋

A・はさく
B・はくい

答え B

石川県にある市。能登半島の付け根にあります。

122

正しい「読み」はどっち？

先斗町

A・せんとちょう
B・ぽんとちょう

答え B

京都の鴨川西岸にある花街のこと。ポルトガル語のポント（先の意）が由来という説があります。

123

正しい「読み」はどっち？

神々しい

A・こうごう

B・かみがみ

答え A

神聖であることを意味します。

124

正しい「読み」はどっち？

礼賛

A・れいさん

B・らいさん

答え B

元々仏を礼拝し、功徳を称えるという意味で、仏教用語なので呉音の「らい」という読み方となります。他に、ありがたく思い褒め称えるという意味もあります。

125

正しい「読み」はどっち？

教会での礼拝

A・れいはい

B・らいはい

答え A

神仏を拝むこと。「礼」は漢音で「れい」、呉音で「らい」と読み、キリスト教は「れいはい」、仏教では「らいはい」と読みます。

正しい「読み」はどっち？

126

二世の契り

A・にせ

B・にせい

正しい「読み」はどっち？

127

一世一代

A・いっせいいちだい

B・いっせいちだい

正しい「読み」はどっち？

128

一世一元

A・いっせいいちげん

B・いっせいちげん

答え A

二世《にせ》とは現世と来世のこと。「二世の契《ちぎ》り」とは現世も来世も夫婦でいようと約束すること。「世」は漢音では「せい」、呉音では「せ」と読みます。仏教用語では呉音で読むことが多く、この場合も「にせ」となります。

答え B

生涯ただ一度のこと。または、役者などが引退を前に舞台納めとして得意な演目を演じることを意味します。

答え A

天皇一代の間は、一つの元号を用いて改めない、という制度のことをさします。

129
正しい「読み」はどっち？

老舗

A・ろうほ
B・しにせ

答え B

「仕似せる・為《し》似せる」（似せてする、まねる、家業を絶やさずに続けるという意味）の動詞からできた言葉で、先祖代々繁盛している店、という意味があります。

130
正しい「読み」はどっち？

生業

A・なりわい
B・なまぎょう

答え A

生活において元手を得るために行う仕事、家業のことです。

131
正しい「読み」はどっち？

出納

A・すいとう
B・しゅつのう

答え A

支出と収納のこと。金銭の収支を記したものを「出納帳」と呼びます。

132

正しい「読み」はどっち？

誤謬

A・ごびょう
B・ごびゅう

答え B

誤り、間違いのこと。「誤《ご》」「謬《びゅう》」ともに、間違うこと、過ちという意味があります。

133

正しい「読み」はどっち？

歪曲

A・えんきょく
B・わいきょく

答え B

意図的に事実をゆがめることです。「歪《わい》」は「え」とも読みますが、「えん」という読み方はしません。

134

正しい「読み」はどっち？

漸次

A・ぜんじ
B・ざんじ

答え A

だんだん、次第にという意味。ざんじは「暫時」と書き、「しばらく」という意味です。

135

正しい「読み」はどっち？

上意下達

A・じょういげだつ

B・じょういかたつ

答え B

上に立つ人の意思などを下の人に伝えること。反対の状況を下意上達《かいじょうたつ》といいます。

136

正しい「読み」はどっち？

画竜点睛

A・がりゅうてんせい

B・がりょうてんせい

答え B

絵の名手が描いた竜の絵に最後に瞳を描き入れたところ本物の竜となって天に昇っていったという中国の故事から、「総仕上げ」「肝心なところ」という意味になりました。読み方は「がりょうてんせい」が正解です。

137

正しい「読み」はどっち？

職人気質

A・しょくにんかたぎ

B・しょくにんきしつ

答え A

「かたぎ」と読む場合は同じ身分や職業の人に見られる特有の性格のこと、「きしつ」と読む場合は個人の性質のことを表します。

138

正しい「読み」はどっち？

好事家

A・こうじけ
B・こうずか

答え B

物好きな人、風流な人という意味。「好事魔多し」では「こうじ」と読みますが、「好事家」は「こうずか」と読みます。

139

正しい「読み」はどっち？

乱高下

A・らんこうげ
B・らんこうか

答え A

相場などが短期間で激しく上下することを意味します。

140

正しい「読み」はどっち？

未曾有

A・みぞう
B・みぞゆう

答え A

「未＝いまだ〜ない」「曾＝かつて」「有＝あること、もつこと」で、いまだかつて起こったことがない、という意味となります。元は「みぞうう」で、この「うう」の「う」が省略され、「みぞう」となったようです。

141
正しい「読み」はどっち？
残滓

A・ざんさい
B・ざんし

答え B

「滓」はかすやおりのことで、「し」「かす」と読みます。「さい」とも読みますが、これは慣用読みです。

142
正しい「読み」はどっち？
直截

A・ちょくせつ
B・ちょくさい

答え A

まわりくどくないこと、すぐに決済をくだすこと。「截《せつ》」は「載」や「裁」と似ているために「さい」と読んでしまいがちですが、それは間違いです。

143
正しい「読み」はどっち？
極彩色

A・ごくさいしき
B・ごくさいしょく

答え A

鮮やかな彩りのこと。「彩色《さいしき》」＋「極《ごく》」の形なので「ごくさいしき」と読みますが、近年は「彩色」を「さいしょく」と読むこともあるため、「ごくさいしょく」と読んでしまう誤読が生まれたと考えられます。

144

正しい「読み」はどっち？

市井

A・しい
B・しせい

答え B

人の集まり住むところ、まち、ちまた。井戸のある所に人が集まり市になったことが由来です。

145

正しい「読み」はどっち？

国際市場

A・いちば
B・しじょう

答え B

「しじょう」は需要と供給の関係全般のこと、「いちば」は常備の施設があったり、定期的に商人が集まり売買を行う場所のことです。そのため、「国際市場」は「こくさいしじょう」と読みます。

146

正しい「読み」はどっち？

名代の店

A・なだい
B・みょうだい

答え A

「なだい」は広く世間に名前が知られていること、「みょうだい」は目上の人の代わり、代理のことです。

147
正しい「読み」はどっち？

末期の水

A・まつご
B・まっき

答え A

死にそうな人の口に含ませる水、つまり「死に水」のこと。「末期《まつご》」は人の一生が終わるときのことを意味し、「末期《まっき》」は末の時期、終わりの時期のことを意味します。

148
正しい「読み」はどっち？

病膏肓に入る

A・こうこう
B・こうもう

答え A

病が薬の届かない体の一番奥にまで達して治る見込みがないことを意味します。

149
正しい「読み」はどっち？

壊死

A・かいし
B・えし

答え B

組織や細胞などからだの一部が死ぬことです。

150

正しい「読み」はどっち？

忌引き

A・いび
B・きび

答え B

「忌引き」で「きびき」と読み、「喪に服すること」、もしくは「近親が死去した際にとる休み」、または「通夜や葬式に出ること」を意味します。

151

正しい「読み」はどっち？

訃報

A・ふほう
B・けいほう

答え A

「訃《ふ》」は死亡の通知のことで、「訃報《ふほう》」で人が亡くなったことの知らせのことを意味します。

152

正しい「読み」はどっち？

逝去

A・せいきょ
B・いきょ

答え A

人が死ぬこと。「逝《せい》」は他に「ゆ」などと読みますが、「い」とは読みません。

153

正しい「読み」はどっち？

日本放送協会

A・にっぽん

B・にほん

答え A

日本放送協会はＮＨＫのことです。読み方は「にっぽんほうそうきょうかい」ですので「にっぽん」が正解です。「日本」を「にっぽん」と読むか「にほん」と読むかについては、固有名詞以外では明確な規定はありません。

154

正しい「読み」はどっち？

日本航空

A・にっぽん

B・にほん

答え B

「日本航空」とは日本の大手航空会社のことです。「にほん」と読む社名は他に「日本経済新聞社」「東日本旅客鉄道株式会社」「西日本旅客鉄道株式会社」などがあります。

155

正しい「読み」はどっち？

ＪＲ山手線

A・やまのてせん

B・やまてせん

答え A

ＪＲ東日本が運営する山手線は「やまのてせん」、神戸市営地下鉄の「西神・山手線」と北九州市の「市道山手線」は「やまてせん」と読みます。

156

正しい「読み」はどっち？

出生率

A・しゅっしょうりつ
B・しゅっせいりつ

答え A

「出生率《しゅっしょうりつ》」は一般的には人口1000人あたりの、1年間に生きて生まれてきた子どもの数の割合のことです。「しゅっしょう」は「しゅっせい」のやや古い言い方です。

157

他人事

正しい「読み」はどっち？

A・ひとごと
B・たにんごと

答え A

自分には関係ないこと。そのまま読むと「たにんごと」ですが、「ひとごと」と読むのが正解です。

158

代替品

正しい「読み」はどっち？

A・だいがえ
B・だいたい

答え B

代用品、代わりの物。「代替」は本来「だいたい」と音読みするものです。しかし、最近は「だいがえ」も認められつつあります。

159

正しい「読み」はどっち？

呵責

A・あせき

B・かしゃく

答え B

責めたり、厳しくとがめたりすること。「呵《か》」は「どなること」「しかること」、他に「声を立てて笑う」という意味があります。「責」は「せめる」「とがめる」「つとめ」という意味があり、「しゃく」は呉音です。

160

正しい「読み」はどっち？

遊説

A・ゆうぜつ

B・ゆうぜい

答え B

政治家などが意見や主義・主張を説いて歩くこと。かつては「ゆうぜつ」と読むこともありましたが、現在では「ゆうぜい」と読むのが一般的です。

161

正しい「読み」はどっち？

斜に構える

A・はす

B・しゃ

答え B

物事にまともに対応せず皮肉な態度をとること。もともとは剣術で刀を斜めに構えることでした。

162

正しい「読み」はどっち？

懇ろ

A・ねんごろ
B・おもむろ

答え A

「ねんごろ」は「心をこめて親切に扱う」「男女がうちとけ情が通じる」という意味です。「おもむろ」は「徐」と書き、落ち着いてことをはじめる様子を意味します。

163

正しい「読み」はどっち？

反故

A・はんご
B・ほご

答え B

もとは「ほんご」と読み、「ほん」は「裏返す」、「ご」は使用済みの紙のことでした。そのため、書き損じた不要の紙を意味する言葉でしたが、それが転じて、不要のものとして捨てる、約束を破るという意味で使用されています。

164

正しい「読み」はどっち？

悪食

A・あくしょく
B・あくじき

答え B

普通の人が食べないような変わったものを食べること、粗末な食事などという意味があります。

165

正しい「読み」はどっち？

奇しくも

A・く
B・き

答え A

偶然にも、不思議にもという意味。もとは「奇《く》し」（偶然、不思議）という古語でした。

166

正しい「読み」はどっち？

当て所ない

A・あてど
B・あてどころ

答え A

心当たり、見当という意味で、「あてどない」などと使います。

167

正しい「読み」はどっち？

あり得る

A・え
B・う

答え B

下二段活用（え／え／う／うる／うれ／えよ）なので「ありうる」です。因みに否定形は「ありえない」です。

第3章

迷いやすい慣用句

168

○○に入る言葉はどっち？

汚名○○

A・返上

B・挽回

答え A

挽回は「取り戻す」という意味なので、返すことを意味する「返上」が正解。似た表現として「汚名を雪《そそ》ぐ」もあります。

169

○○に入る言葉はどっち？

押しも○○

A・押されぬ

B・押されもせぬ

答え B

実力があり、堂々としてびくともしないこと。押しても押されない、というわけではなく、Aは「押すに押されぬ」との混同と考えられます。

170

○○に入る言葉はどっち？

寸暇《すんか》を○○

A・惜しんで

B・惜しまず

答え A

寸暇は「わずかな時間」のこと。「骨身を惜しまず」と混同しやすいので注意が必要です。

171

○○に入る言葉はどっち?

○○入れ時

A・掻き
B・書き

答え B

商売などが繁盛する時期のこと。取引が増えると帳簿に書き入れることが増えるため、「書き入れ時」と言うようになりました。

172

○○に入る言葉はどっち?

○○に会する

A・一堂
B・一同

答え A

「一堂」とは一つの堂、転じて同じ場所や建物のことをさし、同じ場所に集まることです。「一同」を使う場合は「一同顔をそろえる」という言い方があります。

173

○○に入る言葉はどっち?

○○風なことを言う

A・聞いた
B・利いた

答え B

分かっているような振りをすること。「利いた」は「気が利く」のように「役立つ」「十分に効果を発揮する」という意味で使われています。

174

○○に入る言葉はどっち？

采配《さいはい》を○○

A・振る

B・振るう

答え A

采配とは戦場で軍を率いる際に使用するはたきのような見た目の指揮用の道具のこと。そこから転じて指図するという意味です。「振るう」のは刀や拳です。

175

○○に入る言葉はどっち？

蘊蓄《うんちく》を○○

A・垂れる

B・傾ける

答え B

蓄えた知識や技量を披露、発揮すること。「蘊蓄を傾ける」で、この知識を「傾注《けいちゅう》」、つまりのこらず出す、という意味になります。

176

○○に入る言葉はどっち？

雪辱《せつじょく》を○○

A・晴らす

B・果たす

答え B

「辱」は恥のこと、「雪」はすすぐという意味です。そのため「雪辱を果たす」で恥をすすぐことを果たす、という意味になります。

177

○○に入る言葉はどっち？

肝に○○

A・命じる
B・銘じる

答え B

強く心に留め、忘れないようにすること。命令するのではなく、刻み付けるので、「銘」が正解です。

178

○○に入る言葉はどっち？

○○をうつ

A・相づち
B・合づち

答え A

相手の言葉に同意していることを示すためにうなずくこと。鍛冶《かじ》で、師と弟子が向かい合って互いに鎚をうつことに由来するという説があります。

179

○○に入る言葉はどっち？

○○をうつ

A・舌つづみ
B・舌づつみ

答え A

美味しいものを食べたときに舌をぽんと鳴らしてしまうこと。「舌《した》」＋「鼓《つづみ》」なので「したつづみ」となります。ただ、「したづつみ」と読まれることもあります。

180

○○に入る言葉はどっち？

怒り心頭に○○

A・発する
B・達する

答え A

「心頭」とは心の中のことで、心から怒りが湧き上がるので「発する」です。

181

○○に入る言葉はどっち？

眉を○○

A・しかめる
B・ひそめる

答え B

悩み事などで顔色が悪くなったり、不快そうな顔をすること。「ひそめる」のが眉、「しかめる」のは顔です。

182

○○に入る言葉はどっち？

恨み骨髄に○○

A・徹す
B・達す

答え A

恨みが骨の芯に染みとおるくらい恨んでいるという意味。「恨み骨髄に入る」という言い方もします。

183

○○に入る言葉はどっち？

苦虫を○○

A・噛み潰す
B・噛む

答え A

「苦虫」とは噛んだら苦そうな虫のことをさし、非常に不快そうな顔をしていることを「苦虫を噛み潰したような顔」と言います。

184

○○に入る言葉はどっち？

○○顔

A・しかつめらしい
B・しかめつらしい

答え A

「しかつめらしい」はもっともらしい、または、生真面目で緊張した状態のことをさします。「しかめっ面」と音が似ていますが、意味は全く違います。

185

○○に入る言葉はどっち？

○○の不安

A・一縷《いちる》
B・一抹《いちまつ》

答え B

「一抹」は「ちょっとした」という意味で、好ましくない状況に使われます。「一縷」は1本の糸のことで、わずかに希望などがつながっている様子を意味します。

186

○○に入る言葉はどっち？

自○自賛

A・画
B・我

答え A

自分自身や自分の行為を自分で褒めること。自分で描いた絵に自分で賛（詩や文章）を入れることが語源なので「自画自賛」が正解です。

187

○○に入る言葉はどっち？

一○懸命

A・生
B・所

答え B

賜った領地を必死で家来が守ったことが語源なので、本来の意味では「一所懸命」が正解です。しかし近年は、「一生懸命」のほうが多く使われています。

188

○○に入る言葉はどっち？

時期○○

A・早尚
B・尚早

答え B

「尚早」は条件が整っておらずまだ早いという意味。「早尚」という言葉はありません。

189

○○に入る言葉はどっち？

興味○○

A・津々
B・深々

答え A

津々とは、絶えず湧き出てあふれ出すこと。深々はひっそりと静まりかえっていることです。

190

○○に入る言葉はどっち？

○○同体

A・一心
B・一身

答え A

多数の人が心が一つであるかのように結びついていることをさすため、「一心」という字を使います。「一身」ですと「自分一人」という意味になります。

191

○○に入る言葉はどっち？

五里○○

A・霧中
B・夢中

答え A

五里四方に渡って霧が立ち込めている状況から、現状がわからずに見通しが立たないことを言います。

192

○○に入る言葉はどっち？

嫌気が○○

A・する
B・差す

答え B

いやだと思うこと。「差す」は「眠気が差す」と同様に、「生じる」という意味です。

193

○○に入る言葉はどっち？

○○で砂をかける

A・後ろ足
B・後足《あとあし》

答え B

裏切った挙句、さらに去り際に迷惑をかけることをいいます。

194

○○に入る言葉はどっち？

赤ちゃんが○○

A・むずかる
B・むずがる

答え A

ぶつぶつ文句を言うこと、泣くことをさし、「憤る」と書きます。接尾語の「がる」と誤解して「むずがる」と書いてしまう人がいるようですが間違いです。

195

○○に入る言葉はどっち？

○○態度

A・いさぎよい
B・いさぎがいい

答え A

もとは「勇清《いさきよ》し」という言葉であるようです。そこに「潔い」と漢字をあてたもので、これで一語ですので「いさぎ」「が」「いい」と分けることはできません。

196

○○に入る言葉はどっち？

○○に小言を言われる

A・のべつくまなし
B・のべつまくなし

答え B

「のべつ幕無し」と書き、芝居で幕を引かずに、休みなく続けて演技をすること、それが転じて、ひっきりなしに、ずっと続く様のことをいいます。

197

○○に入る言葉はどっち？

木で○をくくる

A・鼻
B・花

答え A

無愛想な態度をとること。「くくる」は結びつけることではなく「こする」という意味の「こくる」が変化したものです。

198

○○に入る言葉はどっち？

○○と謝る

A・すいません
B・すみません

答え B

相手に悪いと思う、申し訳ないと思うという意味の「済まない」の丁寧語なので本来は「済みません」が正解です。ただ、最近では「すいません」もよく見ます。

199

○○に入る言葉はどっち？

味○○せる

A・あわ
B・わわ

答え B

「味わう」はワ行五段活用のため活用は「わ・お／い／う／う／え／え」です。そのため、「味あう」とはなりません。

200

○○に入る言葉はどっち？

布団を○○

A・敷く
B・引く

答え A

「敷く」は物をのせるために平らに広げることです。「引く」にも、のばして広げるという意味はありますが、布団を広げる場合は「敷く」を使います。

201

○○に入る言葉はどっち？

○○を振りまく

A・愛想
B・愛嬌

答え B

愛想は態度なので振りまくことはできません。愛想を使う場合は「愛想よく振舞う」などが良いでしょう。

202

○○に入る言葉はどっち？

念頭に○○

A・置く
B・入れる

答え A

常に心に気にかける、忘れないでいること。「念頭に入れる」は「頭に入れる」（記憶にとどめておく）の誤用だと思われます。

203

○○に入る言葉はどっち？

○○の演技

A・極め付き
B・極め付け

答え A

「極め付き」とは「極書《きわめがき》」（鑑定書）がついていることです。

204

○○に入る言葉はどっち？

○○の客

A・ふり
B・フリー

答え A

予約や紹介のない一見の客のこと。英語のFreeとの混同からかフリーの客と間違えられることもありますが、Freeに「予約なし」の意味はありません。

205

○○に入る言葉はどっち？

○○を右折する

A・T字路
B・丁字路

答え B

丁字形に交わっている道路のこと。伝統的には「丁《てい》字路」と呼びますが、アルファベットの定着に伴い「T《ティー》字路」という表記の方が優勢になりつつあります。

206

○○に入る言葉はどっち？

○○商人

A・露天
B・露店

答え A

「露天」は「屋外」という意味で、「露店」は「露天に商品を並べて売っている店」のことです。「露天商人」で「屋外で商売を営む人」という意味になります。

○○に入る言葉はどっち？

207

荒○○

A・治療

B・療治

答え B

患者の苦痛を無視して医師が手荒い治療を行うこと。転じて思いきった改革などの意でも使われます。

208

○○に入る言葉はどっち？

○○はだし

A・玄人《くろうと》

B・素人《しろうと》

答え A

「玄人はだし」とは、玄人（その道の専門家）が驚いてはだしで逃げ出してしまうほど、素人が優れていることを言います。

209

○○に入る言葉はどっち？

症○群

A・侯

B・候

答え B

「候」は「きざし」や「しるし」のことで、「症候」で体に現れる病的な変化のことを意味します。「侯」は封建時代の地域支配者を意味します。

210

○○に入る言葉はどっち？

初心○○べからず

A・忘るる
B・忘る

答え B

当初の未熟さや経験を忘れず、謙虚であるべき、という意味です。「べからず」は基本的に終止形につきます。そのため、「忘る」の終止形「忘る」になります。

211

○○に入る言葉はどっち？

袖振り合うも○○の縁

A・多生
B・多少

答え A

道端で袖が触れ合っただけのかかわりでも、偶然ではなく、前世からの因縁によるものだという意味です。

212

○○に入る言葉はどっち？

取り付く○○もない

A・しま
B・ひま

答え A

船が避難のために上陸したいが島が見つからないというのが語源。そこから転じて何か頼んだりしたいと思ってもきっかけがつかめない様をいいます。

213

○○に入る言葉はどっち？

上には上が○○

A・いる

B・ある

答え B

これが最高だと思っていても、必ずそれを上回るものがあるという意味です。

214

○○に入る言葉はどっち？

○○の大騒ぎ

A・上を下へ

B・上へ下へ

答え A

上にあるべきものを下に、下にあるべきものが上になってしまうくらい入り乱れて混乱する様子。「上へ下へ」「上や下へ」は誤用です。

215

○○に入る言葉はどっち？

○○の夢

A・一睡

B・一炊

答え B

中国の「立身出世したと思っていたが、実は炊いていたおかゆも出来上がらないくらい短い間に見た夢だった」という故事が由来なので「一炊」と書きます。

216

○○に入る言葉はどっち？

間が○○

A・持たない

B・持てない

答え B

場が上手くつなげず、時間をもてあましたりすること。「間が持たない」は誤用です。

217

○○に入る言葉はどっち？

明るみに○○

A・なる

B・でる

答え B

この場合の「明るみ」とは、公の場所のこと。つまり、隠れていたことが表面化するという意味です。

218

○○に入る言葉はどっち？

的を○○

A・得る

B・射る

答え B

要点を適確に捉えていること。的を矢で射ることが由来です。ただし、「的を得る」を誤用とする辞書は少なく、誤用ではないという説も根強くあります。

○○に入る言葉はどっち？

219

食指が○○

A・動く
B・伸びる

答え A

昔、中国に、ご馳走を得られる前兆として指が動くという人物がいたことが由来です。そのため「食指」は「伸びる」ではなく「動く」です。

○○に入る言葉はどっち？

220

声を○○

A・荒げる
B・荒らげる

答え B

度を越した激しい声を出すことは本来「声を荒《あら》らげる」と言います。しかし近年、口頭では「あらげる」と言われることも増えているようです。

○○に入る言葉はどっち？

221

熱に○○

A・うかされる
B・うなされる

答え A

熱などで意識がぼーっとすることを「うかされる」、悪夢を見てうめき声をあげたりすることを「うなされる」といいます。

222

○○に入る言葉はどっち？

新規○○

A・蒔き直し
B・巻き返し

答え A

もう一度新たにやり直すこと。種を蒔き直すというのが語源です。

223

○○に入る言葉はどっち？

○○をいれる

A・活
B・渇

答え A

「活を入れる」とは、柔道などで気絶した人に刺激を与え蘇生させることです。これが転じて、元気づける、気力を起こさせるという意味になりました。

224

○○に入る言葉はどっち？

○○にも置けない

A・風上
B・風下

答え A

卑劣な人のこと。風上に悪臭のするものがあると、風下も臭くなってしまうことから、自分たちの仲間だとは思われたくない、というニュアンスで使われます。

225
○○に入る言葉はどっち？

○○がきく

A・目鼻
B・目端

答え **B**

機転が利いて抜け目ないこと。「目端」とは眼力や目の端のこと。「目鼻がきく」とは言いませんが、「目鼻がつく」（目処が立つことの意）とは言います。

226
○○に入る言葉はどっち？

○○をすくう

A・足
B・足元

答え **A**

相手の足を急に持ち上げて倒す様から、相手の隙をついて意外な方法で相手を失敗させること。「足元」はすくうことができないので誤用です。

227
○○に入る言葉はどっち？

喝采を○○

A・送る
B・叫ぶ

答え **A**

「喝采」とはほめそやすことやその声のことです。喝采は送り、叫ぶのは快哉《かいさい》（痛快であること）です。

228

○○に入る言葉はどっち？

親○○

A・不孝
B・不幸

答え A

親に対して「孝行」ではないので、「不孝」と書きます。

229

○○に入る言葉はどっち？

○○に漏れず

A・ご多分
B・ご多聞

答え A

例外ではない、他のものと同様に、という意味。「多分」はたくさん、かなり、「多聞」は多くのことを聞き知る、という意味なので、「多分」が正解です。

230

○○に入る言葉はどっち？

○○付き

A・お頭
B・尾頭

答え B

尾っぽと頭がついたままの魚のことです。

231

○○に入る言葉はどっち？

保険○○

A・適用
B・適応

答え A

「適用」は制度や規則を当てはめて用いること、「適応」は状況にふさわしいこと、適していること。保険という制度を当てはめ用いるので「適用」が正解です。

232

○○に入る言葉はどっち？

屋上屋《おくじょうおく》を○○

A・建てる
B・架す

答え B

「屋上屋を架す」とは、屋上に「屋＝屋根」を組みたてることから、無駄であるということを意味します。屋上に建物を建てるという意味はありません。

233

○○に入る言葉はどっち？

八王子市は○○

A・都内
B・都下

答え B

「都内」は主に東京都の23区のこと、「都下」は東京都の23区を省いた地域のことをさします。

234
○○に入る言葉はどっち？
縁は○なもの味なもの
A・奇
B・異

答え B
男女の縁というのは不思議で面白いものであるという意味。異と奇の音が似ているため誤用が起きやすいようです。

235
○○に入る言葉はどっち？
焼け○○に火がつく
A・棒杭《ぼっくい》
B・ぼっくり

答え A
一度焼けた木切れ（棒杭）は火がつきやすいことから、一度別れた男女も再び関係を持ちやすいという意味。「ぼっくり」の音が近いため勘違いを生むようです。

236
○○に入る言葉はどっち？
○○三寸
A・舌先
B・口先

答え A
わずかな舌で言葉巧みに丸め込むことの意なので「舌先三寸」が正解です。

237

○○に入る言葉はどっち？

二の句が○○

A・継げない
B・出ない

答え A

雅楽《ががく》の朗詠では「二の句」より急に音域が高くなり難しくなることから、次の言葉がなかなかでてこないことを意味するようになりました。

238

○○に入る言葉はどっち？

火蓋を○○

A・切って落とす
B・切る

答え B

火《ひ》蓋《ぶた》をあけて発火する用意をすること、ここから転じて戦闘が始まること。「切って落とす」は「幕を切って落とす」（始めること）との混同だと思われます。

239

○○に入る言葉はどっち？

胸○○に納める

A・先三寸
B・三寸

答え B

胸の中という意味。胸三寸に畳む、胸三寸に納めるなど。胸先三寸は舌先三寸との混同による誤用です。

240

○○に入る言葉はどっち？

○○にも盛り上がる

A・いやがうえにも

B・いやがおうでも

答え A

「いやがうえにも」は「いよいよ」「ますます」という意味、「いやがおうでも」は「どうしても」「何が何でも」という意味です。

241

○○に入る言葉はどっち？

台風の○○で電車が止まった

A・おかげ

B・せい

答え B

「せい」は「悪いこと」、「おかげ」は「良いこと」に使います。

242

○○に入る言葉はどっち？

古式○○

A・ゆかしく

B・豊かに

答え A

「古式」とは古来の方法や昔からのやり方のこと。「ゆかしい」とは懐かしいという意味。あわせて昔からのやり方で行われていて懐かしいという意味。

243

○○に入る言葉はどっち?

存亡の○○

A・機
B・危機

答え A

「存亡の機」とは、引き続き存在するか滅亡するか大事なところ、という意味です。「危機」を使う場合は「存続の危機」とするのが良いでしょう。

244

○○に入る言葉はどっち?

三日に○○

A・上げず
B・開けず

答え A

「上げず」とは間をおかない、という意味で、「三日に上げず」で「ほとんど毎日」という意味になります。

245

○○に入る言葉はどっち?

○○と議論する

A・喧々囂々《けんけんごうごう》
B・侃々諤々《かんかんがくがく》

答え B

「侃々諤々」は「遠慮なく率直に議論を行う」こと、「喧々囂々」は「多くの人がやかましく騒ぎ立てる」ことです。

246
○○に入る言葉はどっち？
○○の名月
A・仲秋
B・中秋

答え B
「中秋」は「陰暦8月15日」のこと、「仲秋」は「陰暦8月」のことです。「ちゅうしゅうの名月」は「8月15日の月」なので「中秋」が正しい表記です。

247
○○に入る言葉はどっち？
精神○○が高い
A・年齢
B・年令

答え A
「齢」は「とし」「生まれてからその時までの年数」のことですが、「令」は「良いこと」「いいつけ」などという意味であり、本来、年歳月を表す意味はありません。

248
○○に入る言葉はどっち？
前人○○の偉業
A・未踏
B・未到

答え B
「未到」はまだ到達していないこと、「未踏」はまだ足を踏み入れていないこと。業績に対しては「未到」、「人跡みとうの地」などの場合は「未踏」が使われます。

249

○○に入る言葉はどっち？

国○○て山河在り

A・敗れ
B・破れ

答え B

杜甫の詩「春望」の一節で、国は滅びてしまったが、山や河などの自然はそのままであるという意味です。

250

○○に入る言葉はどっち？

歯に○着せぬ

A・衣
B・絹

答え A

思ったことを包み隠さずに率直に言うこと。「衣」と書いて「きぬ」と読みます。

251

○○に入る言葉はどっち？

○○を支払う

A・慰謝料
B・医者料

答え A

「慰謝料」は生命や身体、自由、名誉、貞操などの侵害によって生じた精神的苦痛に対し損害賠償を行うことです。

252

○○に入る言葉はどっち？

○○漏らさず

A・細大

B・最大

答え A

「細大漏らさず」で、細かいことも大きいこともすべて漏らさない、という意味です。

253

○○に入る言葉はどっち？

○○を飲ませる

A・下熱剤

B・解熱剤

答え B

熱を下げることは「下熱」ではなく「解熱」と書きます。

254

○○に入る言葉はどっち？

○○な効果

A・激的

B・劇的

答え B

劇で出てきそうなぐらいすごい様子のこと。緊張、感動させられること。「激的」という言葉はありませんので注意が必要です。

255
〇〇に入る言葉はどっち？

〇〇沙汰に及ぶ

A・人情
B・刃傷

答え B

「にんじょうざた」とは刃物で傷つけるような事件や騒ぎのことです。そのため「刃傷」と書きます。

256
〇〇に入る言葉はどっち？

恩に〇〇

A・着る
B・切る

答え A

「恩に着る」で、受けた恩をありがたく思うという意味です。相手にありがたく思わせるような言動をとることは「恩に着せる」と言います。

257
〇〇に入る言葉はどっち？

〇〇を切る

A・大見得
B・大見栄

答え A

自分を誇示すること、自信を示すこと。歌舞伎役者が行う「見得」という所作がもとになっています。

258

○○に入る言葉はどっち？

○○のおどり食い

A・シロウオ

B・シラウオ

答え A

おどり食いをするのは「シロウオ（素魚）」、天ぷらや寿司ネタとして提供されることが多いのは「シラウオ（白魚）」です。

259

○○に入る言葉はどっち？

○○を剥ぐよう

A・薄紙《うすがみ》

B・薄皮

答え A

病気が日に日に良くなっていくことを、「薄紙を剥ぐように」といいます。

260

○○に入る言葉はどっち？

寄る○○には勝てぬ

A・年波

B・年

答え A

年をとることには勝てないという意味。「年が寄る」（年をとること）と「波が寄る」ことをかけているので「年波」が正解です。

第4章

身につけておきたい敬語

正しい「敬語」はどっち？

261

（相手が）来た

A・参られました

B・いらっしゃいました

答え B

「来る」の尊敬語（目上の人に対し、相手を立てるときに使う敬語）は「いらっしゃる」で、「参る」は謙譲語（自分がへりくだることで相手を高める敬語）ですので、「相手が参られました」ですと相手を低めてしまうことになります。

正しい「敬語」はどっち？

262

求めやすい

A・お求めになりやすい

B・お求めやすい

答え A

「求める」の尊敬語は「お求めになる」。これに「やすい」がつく形なので「お求めになりやすい」が正解です。

263

正しい「敬語」はどっち？

「わかりました」

A・「かしこまりました」

B・「ご了解しました」

答え A

「分かる」の謙譲語は「かしこまる」「承る」などです。

264

正しい「敬語」はどっち？

「持ってきてください」

A・「お持ちください」

B・「ご持参ください」

答え A

持参は謙譲語なので、「ご」をつけても尊敬語にはなりません。

正しい「敬語」はどっち？

265

「見てください」

A・「拝見ください」

B・「ご覧ください」

答え B

「見る」の尊敬語は「ご覧になる」です。「拝見する」の「拝」には「謹んで～する」という意味があり、これをつけることで謙譲語になります。「拝読」「拝借」なども同様です。

正しい「敬語」はどっち？

266

（相手が）言う

A・申される

B・仰る

答え B

言うの尊敬語は仰る。申す、申し上げるは謙譲語です。ちなみに「仰られる」は「言う」の尊敬語である「仰る」に「られる」をつけた状態なので二重敬語になってしまいます。

正しい「敬語」はどっち？

267

（自分が）やる

A・やらさせていただく

B・やらせていただく

答え B

使役の助動詞「せる」は五段動詞とサ変動詞に、「させる」は上一段、下一段、カ変動詞につきます。しかし本来「せる」がつくはずの動詞に「させる」をつけてしまう場合があり、これを「さ入れ言葉」と呼びます。「やる」は五段動詞ですので「せる」がつくのが正解です。

正しい「敬語」はどっち？

268

（自分が）受け取る

A・申し受ける

B・申し受けさせていただく

答え A

「申し受ける」は力行下一段動詞ですが、「させる」がつく動詞であっても、「させていただく」は「許可をもらうこと」と「恩恵にあずかること」を両方想定しているときに使う言葉なので、それ以外のときに使用するのは間違いです。

正しい「敬語」はどっち？

269

「なんの用ですか」

A・「どのようなご用件でしょうか」

B・「どんな用事でしょうか」

答え A

「どんな用事でしょうか」ですと、つっけんどんな印象になってしまいますので、「どのようなご用件でしょうか？」と丁寧に尋ねるほうが好印象です。

正しい「敬語」はどっち？

270

「今、席にいません」

A・「ただ今、席を外しておりますが、いかがいたしましょうか」

B・「ただ今、席におりません」

答え A

「ただ今、席におりません」は間違いではないのですが、ぶっきらぼうな印象を与えることがあるため、Aのように丁寧にしたほうがより良いでしょう。

正しい「敬語」はどっち?

271

名前を聞くとき

A・「お名前をお伺いしてもよろしいでしょうか」

B・「お名前をちょうだいしてもよろしいでしょうか」

答え A

名前は「ちょうだい」するものではなく「伺う」ものです。

正しい「敬語」はどっち?

272

リラックスしてほしいとき

A・「お楽にしてください」

B・「楽になさってください」

答え B

「お楽にしてください」では敬語になっていません。

正しい「敬語」はどっち？

273

座って待ってもらう場合

A・「座ってお待ちください」

B・「おかけになってお待ちいただけますでしょうか」

答え B

「おかけになる」が尊敬語ですのでこちらを使います。また、「お待ちください」では命令のニュアンスととられる場合があります。

正しい「敬語」はどっち？

274

担当者が来るまで待ってもらう場合

A・「○○社長ですね、少々お待ちいただけますか」

B・「社長の○○ですね、少々お待ちいただけますか」

答え B

社外の人に対し自社の人間の話をする場合は、「○○社長」「○○部長」などと役職をつけて呼ぶことはしません。

正しい「敬語」はどっち?

275

来客を連れてきた場合

A・「○○様をご案内いたしました」

B・「○○様をお連れしました」

答え A

「お連れしました」は謙譲表現として間違ってはいないのですが、連行されるように感じる人もいるので避けたほうが無難です。

正しい「敬語」はどっち?

276

どうするか尋ねる場合

A・「いかがなさいますか」

B・「いかがいたしますか」

答え A

「いたす」は謙譲語なので、相手に対して使用するのは不適切です。

277

正しい「敬語」はどっち？

「会いたいです」

A・「お目にかかりたいです」

B・「お会いになりたいです」

答え A

「会う」の謙譲語は「お目にかかる」「お会いする」「お目通りする」、女性ならば「おめもじする」も使用可能です。「お会いになる」は尊敬語なので自分が会いたい場合は使用しません。

278

正しい「敬語」はどっち？

「○○さんですか」

A・「○○さんでいらっしゃいますか」

B・「○○さんでございますか」

答え A

「ございます」は謙譲的な丁寧語とされることがあるので、相手に対しては使わないほうが良い言葉です。

正しい「敬語」はどっち？

279

「○○さんはいますか」

A・「いらっしゃいますか」

B・「おりますか」

答え A

「おる」は「いる」の謙譲語です。相手には尊敬語である「いらっしゃる」を使うべきです。

正しい「敬語」はどっち？

280

「戻ってきましたか」

A・「お戻りになられましたか」

B・「お戻りになりましたか」

答え B

戻るに尊敬を表す「お～なる」をつけることで敬意を表すことができます。「お戻りになられる」は「お～なる」にさらに「れる」がついて二重敬語になってしまっているので不適切です。

正しい「敬語」はどっち？

281

食べ物を贈るときの言葉

A・「ご賞味ください」

B・「ご笑味ください」

答え B

「笑味」は大したものではありませんが、笑って召し上がってくださいという意味の謙譲語です。「賞味」は美味しいと言いながら食べるという意味の言葉です。そのため、贈る方が使うのは「笑味」です。

正しい「敬語」はどっち？

282

物を贈るときの言葉

A・「心ばかりのものですが」

B・「つまらないものですが」

答え A

「つまらないもの」というへりくだった言い方は、「つまらないものを渡すのはいかがなものか」ということで、逆に失礼だと考えられるようになってきています。

正しい「敬語」はどっち？

283

食べてくださいと伝える場合

A・「お召し上がりになってください」

B・「お召し上がりください」

答え B

「食べる」の尊敬語は「召し上がる」ですが、「お召し上がりになってください」は二重敬語になってしまうので不適切です。

正しい「敬語」はどっち？

284

渡してもらえるよう頼む場合

A・「お渡しください」

B・「差し上げてください」

答え A

「差し上げる」は謙譲語なので、自分が渡す場合は問題ありませんが、人に受け渡しを依頼する場合は「お渡しください」が良いでしょう。

285

正しい「敬語」はどっち？

車を用意したと伝える場合

A・「車を外に待たせております」

B・「車が外でお待ちになっています」

答え A

車は物なので尊敬語の対象にはなりません。

286

正しい「敬語」はどっち？

ペットがいるか尋ねる場合

A・「犬はいますか」

B・「犬はいらっしゃいますか」

答え A

犬は動物なので、尊敬語の対象にはなりません。

正しい「敬語」はどっち？

287

花に水を与える場合

A・水をあげる

B・水をやる

答え B

「あげる」は本来「やる」の謙譲語です。花も尊敬語の対象にはなりませんので「やる」が正解です。ただし、最近は「やる」という言い方に抵抗があるせいか、ペットや植物に対して「あげる」を使用することが一般化しつつあります。

正しい「敬語」はどっち？

288

相手の会社を知っている場合

A・「御社を存じております」

B・「御社を存じ上げております」

答え A

「存じ上げております」ですと、対象を高めることになります。しかし、会社は物であるため、高める対象とすることはありません。

正しい「敬語」はどっち？

289

口頭で相手の会社を敬って呼ぶ言い方

A・貴社

B・御社

答え B

話し言葉では「御社」、書き言葉では「貴社」を使用します。

正しい「敬語」はどっち？

290

相手の会社の部長の呼び方

A・部長の○○様

B・○○部長様

答え A

「部長」は職名を表す尊敬の名詞なので、様をつけると二重敬語になってしまいます。

正しい「敬語」はどっち?

291

先生宛ての手紙の敬称

A・○○先生

B・○○先生様

答え A

「先生」自体が尊敬を表しているので「様」をつける必要はありません。

正しい「敬語」はどっち?

292

大勢に向けて手紙を書くときの敬称

A・○○各位

B・○○各位殿

答え A

「各位」自体が多人数を敬う意味を持っているため、「殿」をつけると二重敬語になってしまいます。○○様各位も同様です。

正しい「敬語」はどっち？

293

他社から自社の人に言われたことを伝言すると伝える場合

A・「お伝えします」

B・「申し伝えます」

答え B

伝言する人間（＝自分）をへりくだり「申し」、伝え先も自社の人間なので尊敬の意を含まない「伝える」で「申し伝える」となります。もし、伝言する相手が他社の人の場合は「お伝えします」が適切です。

正しい「敬語」はどっち？

294

社内の人が休んでいることを社外の人に告げる場合

A・「休みを取っています」

B・「お休みをいただいています」

答え A

社外の人から「いただいている」わけではないこと、また、「お」をつけることで自社の人間に敬意をこめてしまうことになるため、「お休みをいただく」は間違いとされます。

正しい「敬語」はどっち?

295

返事をするのが難しい場合

A・「お答えできません」

B・「お答えしかねます」

答え B

「できない」と否定的に話すよりも、「しかねる」としたほうが肯定的で丁寧な印象になります。

正しい「敬語」はどっち?

296

電話でつなぎ先が聞きとれなかった場合

A・「お名前を伺ってもよろしいでしょうか」

B・「当社の担当者名をもう一度お伺いしてもよろしいでしょうか」

答え B

「お名前を伺ってもよろしいでしょうか」と尋ねると、相手がもう一度名乗ってしまう場合があるので、自社の担当者について聞きたいとはっきり示しましょう。

正しい「敬語」はどっち？

297

一緒に出掛ける場合

A・「お供します」

B・「ご一緒します」

答え A

「ご一緒します」は丁寧表現として間違いではありませんが、「お供します」の方がよりへりくだったニュアンスになるため、相手を立てることができます。

正しい「敬語」はどっち？

298

（自分が）行く場合

A・「伺わせていただきます」

B・「伺います」

答え B

「行く」の謙譲語は「伺う」なので、そこにさらに「いただく」をつけると二重敬語になってしまいます。

正しい「敬語」はどっち？

299

出先から直接帰宅する場合

A・「出先から直接帰宅いたします」

B・「直帰します」

答え A

「直帰します」では通告になってしまうためふさわしくありません。

正しい「敬語」はどっち？

300

分かってもらえたか確認する場合

A・「ご理解いただけましたか」

B・「お分かりになりましたでしょうか」

答え A

「お分かりになりましたでしょうか」は相手の能力を問うような聞き方なので、丁寧な言い方をしても失礼になります。

301

正しい「敬語」はどっち？

聞きたいことがある場合

A・「尋ねたいのですが」
B・「伺いたいのですが」

答え B

「尋ねる」は「聞く」の謙譲語ではありません。「聞く」の謙譲語は「伺う」です。

302

正しい「敬語」はどっち？

質問があるか尋ねる場合

A・「質問はございますか」
B・「質問はおありですか」

答え B

「ございます」は謙譲的な丁寧語とされることがあるので、この場合、「質問はおありでしょうか」「質問がある方はいらっしゃいますか」と尋ねるほうが良いでしょう。

正しい「敬語」はどっち？

303

労をねぎらう場合

A・「お疲れ様です」

B・「ご苦労様です」

答え A

「ご苦労様」は「苦労をかけた」という労いの言葉なので、目下の者から目上の人に対しては、そのような意は含まない「お疲れ様」を使用した方が良いでしょう。

正しい「敬語」はどっち？

304

応援する場合

A・「頑張ってください」

B・「お疲れのでませんように」

答え B

「頑張ってください」も目上の人に対して使うのはふさわしくありません。目上の人に対しては「お疲れのでませんように」を使います。

305

正しい「敬語」はどっち？

「久しぶり」

A・「お久しぶりです」

B・「ご無沙汰しております」

答え **B**

「久しぶり」は対等な立場の相手に対して使用する言葉です。

306

正しい「敬語」はどっち？

「聞いてくれてありがとう」

A・「ご清聴いただきありがとうございます」

B・「ご拝聴いただきありがとうございます」

答え **A**

「聞く」の丁寧語は「清聴」。「拝聴」は謙譲語になります。

正しい「敬語」はどっち？

307

「体に気を付けてください」

A・「お体をご自愛ください」

B・「ご自愛ください」

答え **B**

「自愛」とは「自分の体を大切にする」という意味です。そのため「お体をご自愛ください」ですと「お体を自分の体を大切にしてください」ということになってしまうため不適切です。

正しい「敬語」はどっち？

308

「お世話になっています」

A・「お世話になっております」

B・「お世話様です」

答え **A**

「お世話様です」は敬意が軽いので使用は避けたほうが良いでしょう。

お店で使う言葉　正しいのはどっち？

309

注文を確認するとき

A・「ご注文をご確認いたします」

B・「ご注文を繰り返します」

答え B

「ご確認」は「確認」するのは店員（＝自分）なので、「ご」をつけるのは不適切です。

お店で使う言葉　正しいのはどっち？

310

商品を提供するとき

A・「○○でございます」

B・「○○になります」

答え A

「なる」というのは変化するという意味なので、商品等が変化するわけではないのに「〜になります」というのは文法的には間違いです。

お店で使う言葉　正しいのはどっち？

311

商品を提供するとき②

A・「○○のほうです」

B・「○○です」

答え B

「〜のほう」は丁寧な意味で使用している人もいますが、「あいまい表現」ととられることも多いので使わないほうが良いでしょう。

312

お店で使う言葉　正しいのはどっち？

お会計のとき

A・「1000円からお預かりします」

B・「1000円お預かりします」

答え B

預かるのは1000円であるため、「から」をつける必要はありません。

313

お店で使う言葉　正しいのはどっち？

「何名様ですか？」に答えるとき

A・○人です

B・○名です

答え A

「名」には尊敬の意味があるため、自分側の人数を述べるときに使用することは適切ではありません。

314

お店で使う言葉　正しいのはどっち？

会計を頼むとき

A・おあいそお願いします

B・お勘定お願いします

答え B

「おあいそ」は本来、お金を取るなんて愛想のないことをして申し訳ありません、という意味の店側の言葉なので、客側が使用するのは間違いです。

315
手紙で使う敬語　正しいのはどっち？

手紙の書きだしが前略

A・終りは草々
B・終りは敬具

答え A

「前略」は手紙で冒頭の時候の挨拶を省くときに使用します。「前略」を使用した場合、結語は「草々」(走り書きであるという意)が使われます。

316
手紙で使う敬語　正しいのはどっち？

手紙の書きだしが謹啓《きんけい》

A・終りは匆匆《そうそう》
B・終りは謹白《きんぱく》

答え B

「謹啓」は手紙を書く際に使う、「つつしんで申し上げる」という意味の頭語です。「謹啓」を使用した場合は、結語は「謹白」がくるのが一般的です。「匆匆」は「草々」と同じ意味です。

317
手紙で使う敬語　正しい「意味」はどっち？

ご寛恕《かんじょ》いただきたい

A・許してもらいたい
B・お手柔らかにしてほしい

答え A

「寛恕」は度量が深くて思いやりがあるという意味で、「ご寛恕いただきたい」という場合は、「広い心で許してほしい」という意味になります。

手紙で使う敬語　正しい「意味」はどっち？

318

ご笑納いただく

A・楽しんでもらう

B・受け取ってもらう

答え B

「笑納」は「つまらないものですが笑って納めてください」という意味です。

手紙で使う敬語　正しい「意味」はどっち？

319

ご清覧いただく

A・見てもらう

B・清めてもらう

答え A

「清覧」は、手紙などで使われる、相手が見ることに対する尊敬語です。

手紙で使う敬語　正しい「意味」はどっち？

320

ご恵投にあずかる

A・与えられる

B・投げられる

答え A

物をもらう側が贈る側に対して尊敬の念を示す際に使われます。

321

冠婚葬祭の言葉　正しいのはどっち？

「参加して
くれて
ありがとう」

A・「ご参列いただき
ありがとうございます」

B・「ご臨席いただき
ありがとうございます」

答え B

臨席、列席は招待した側からの言い方、参列は招待された側の言い方です。

322

冠婚葬祭の言葉　正しいのはどっち？

お通夜のときに
持っていく
香典の書き方

A・ご佛(仏)前

B・ご霊前

答え B

四十九日までは「ご霊前」、四十九日を過ぎてからは「ご(仏)佛前」になりますので、お通夜では「ご霊前」を使います(浄土真宗は除く)。

323

冠婚葬祭の言葉　正しいのはどっち？

結婚式が
○○に
執り行われた

A・しめやかに

B・おごそかに

答え B

「しめやかに」はひっそりと物静かな様子、「おごそかに」は「厳かに」と書き、厳格で静粛なことです。「しめやかに」は悲しみに沈む様子を表しているので結婚式にはふさわしくありません。

冠婚葬祭の言葉 正しいのはどっち？

324

結婚式での食事のすすめ方

A・「温かいうちにお召し上がりください」

B・「冷めないうちにお召し上がりください」

答え A

結婚式では、「仲が冷める」ということが連想されるため、「冷めないうちに」は忌み言葉（使用を避けたほうがよいとされる言葉）とされています。

冠婚葬祭の言葉 正しいのはどっち？

325

結婚式でのあいさつ

A・「皆々様にお祝い申し上げます」

B・「皆様にお祝い申し上げます」

答え B

「皆々様」は同じ言葉を繰り返す重ね言葉で、再婚をイメージさせるため、使用してはならないことになっています。

冠婚葬祭の言葉 正しいのはどっち？

326

結婚式でケーキを切るときの表現

A・ケーキ入刀／ケーキにナイフを入れる

B・ケーキカット

答え A

「切れる」「カット」は「縁が切れる」ことを連想させるため、結婚式では忌み言葉とされています。

327

接頭語　正しいのはどっち？

本

A・お本

B・ご本

答え B

一般的に、和語（訓読み）には「お」が、漢語（音読み）には「ご」がつきます。「ほん」は漢語（和語は「もと」）なので「ご本」です。

328

接頭語　正しいのはどっち？

理解

A・お理解

B・ご理解

答え B

「理解」は漢語なので「ご」がつきます。

329

接頭語　正しいのはどっち？

達者

A・ご達者

B・お達者

答え B

「達者」は漢語でも例外的に「お」がつきます。他にもお稽古、お化粧、お電話など、例外はいくつかあります。

接頭語　正しいのはどっち？

330

ゆっくり

A・ごゆっくり

B・おゆっくり

答え A

「ゆっくり」は和語ですが、例外的に「ご」がつきます。他にもごゆるりなど、数は少ないですが例外があります。

接頭語　正しいのはどっち？

331

「体の具合はどうですか」

A・「お体の具合はいかがですか」

B・「体の具合はいかがですか」

答え A

相手の物事を表す場合は「お」「ご」をつけます。この場合も「あなたの体」なので「お」がつきます。

接頭語　正しいのはどっち？

332

「電話します」

A・「電話いたします」

B・「お電話いたします」

答え B

自分の行為であっても、相手に影響を与える事柄に関しては「お」や「ご」をつける習慣があります。

使い方に迷う敬語　正しいのはどっち？

333

（人前で緊張して）あがる

A・おあがりになる
B・あがる

答え B

「あがる」のような悪い意味の言葉は敬語にはしません。

使い方に迷う敬語　正しいのはどっち？

334

油を売る

A・油をお売りになる
B・油を売る

答え B

慣用句、慣用語は敬語化しません。

使い方に迷う敬語　正しいのはどっち？

335

「素敵なスーツだね」

A・「素敵なスーツですね」
B・「素敵なスーツでいらっしゃいますね」

答え A

スーツに尊敬語を使う必要はありません。

第5章

使い分けたい表記

336

「う」と「お」 正しい「表記」はどっち？

通り

A・とおり
B・とうり

答え A

旧かな遣いで、「ほ」「を」と書いたものは「お」になります。
旧かなでは「とほり」です。

337

「う」と「お」 正しい「表記」はどっち？

お待ち遠さま

A・おまちどおさま
B・おまちどうさま

答え A

旧かなでは「おまちどほさま」ですので「おまちどおさま」になります。

338

「う」と「お」 正しい「表記」はどっち？

王様

A・おおさま
B・おうさま

答え B

「オー」の音は「う」で表します。

339

「う」と「お」 正しい「表記」はどっち？

放り投げる

A・ほおりなげる

B・ほうりなげる

答え B

旧かな遣いでは「はふる」。また、オーの音は「う」で表すので「ほうりなげる」が正解です。

340

「う」と「お」 正しい「表記」はどっち？

十日

A・とうか

B・とおか

答え B

旧かなでは「とをか」ですので「とおか」になります。

341

「う」と「お」 正しい「表記」はどっち？

若人

A・わこおど

B・わこうど

答え B

若者のこと。「ワカビト」の音が変化して「わこうど」となりました。

342

「じ」と「ぢ」　正しい「表記」はどっち？

底力

A・そこじから
B・そこぢから

答え B

同音が続く場合（例ちぢみ、つづく＝「同音の連呼」）と言葉が繋がって「ち」「つ」がにごる場合（例はなぢ、みかづき＝「二語の連合」）以外は原則として「じ」「ず」になります。「底力」は二語の連合なので「ぢ」です。

343

「じ」と「ぢ」　正しい「表記」はどっち？

身近

A・みぢか
B・みじか

答え A

「身近」も「身」と「近」の二語の連合なので「ぢ」になります。

344

「じ」と「ぢ」　正しい「表記」はどっち？

地面

A・じめん
B・ぢめん

答え A

「地面」は漢字の音読みが元々にごっているだけで、「同音の連呼」も「二語の連合」も関係ありませんので変化は起こりません。

345

「じ」と「ぢ」 正しい「表記」はどっち？

曽《そ》根《ね》崎《ざき》心中

A・しんじゅう
B・しんぢゅう

答え A

情死を意味する心中は一語なので二語の連合にはあたらないため「じ」です。

346

「じ」と「ぢ」 正しい「表記」はどっち？

藤

A・ふぢ
B・ふじ

答え B

藤は一語なので二語の連合にはあたらないため「じ」です。

347

「じ」と「ぢ」 正しい「表記」はどっち？

紅葉

A・もみじ
B・もみぢ

答え A

同音の連呼でも二語の連合でもないので「じ」です。

348

「ず」と「づ」 正しい「表記」はどっち？

一人〇〇

A・づつ

B・ずつ

答え B

「一人ずつ」は現代用語としては一般的には二語に分割しにくいものと考えられているため、本則としては「ず」が使われます。

349

「ず」と「づ」 正しい「表記」はどっち？

稲妻

A・いなずま

B・いなづま

答え A

「稲妻」も稲と妻とは分けず、「稲妻」で一語なので、二語の連合にはあたらず、「ず」で表記します。

350

「ず」と「づ」 正しい「表記」はどっち？

人妻

A・ひとづま

B・ひとずま

答え A

人妻は人の妻がにごった二語の連合なので「づ」です。

351
「ず」と「づ」 正しい「表記」はどっち？
杯
A・さかづき
B・さかずき

答え B
杯は一語なので二語の連合にはあたらないため「ず」です。

352
「ず」と「づ」 正しい「表記」はどっち？
片付ける
A・かたずける
B・かたづける

答え B
二語の連合なので「づ」です。

353
「ず」と「づ」 正しい「表記」はどっち？
九十九折
A・つづらおり
B・つずらおり

答え A
山道など何度も曲がりくねって続く道のことです。同音の連呼なので「づ」です。

354
正しい「送り仮名」はどっち？
はなし（をする）
A・話
B・話し

答え A
通常、活用のある語からできた名詞は元の送り仮名に沿った送り仮名がつきますが、「話」は例外として送り仮名をつけません。

355
正しい「送り仮名」はどっち？
おこなう
A・行なう
B・行う

答え B
活用語は活用語尾を送るのが原則。ワ行五段活用なので「う」だけを送ります。

356
正しい「送り仮名」はどっち？
かたむく
A・傾むく
B・傾く

答え B
カ行五段活用なので「く」を送ります。

357

正しい「送り仮名」はどっち？

あたる

A・当たる
B・当る

答え A

活用語尾以外の部分に他の語を含む語は、含まれている送り仮名のつけ方によって送るため、「当たる」「当てる」と送ります。

358

正しい「送り仮名」はどっち？

めずらしい

A・珍らしい
B・珍しい

答え B

語幹が「し」で終わる形容詞は「し」から送ります。同様の例として、「美しい」「正しい」などがあります。

359

正しい「送り仮名」はどっち？

ふたたび

A・再び
B・再たび

答え A

副詞、連体詞、接続詞は最後の音節を送ります。同様の例として「全く」「必ず」などがあります。

360

正しい「数え方」はどっち？

うさぎ

A・1頭

B・1羽

答え B

うさぎは動物ですが「羽《わ》」と数えることもあります。これは、四足動物を食べることを禁止されたお坊さんや江戸時代の庶民が「うさぎは鳥だ」と言い張って食べたためだとされています。

361

正しい「数え方」はどっち？

うに

A・1腹

B・1丁

答え A

うには生きているときは「匹」ですが、食用にするはらわた部分は「腹」と数えます。

362

正しい「数え方」はどっち？

カーテン

A・1掛

B・1張

答え B

カーテンは「1枚」、もしくは幕が張っているということで「1張《ちょう》」などと数えます。

363

正しい「数え方」はどっち？

うちわ

A・1本
B・1丁

答え A

うちわは「枚」「本」、もしくは柄がついているので「柄《へい》」と数えます。

364

正しい「数え方」はどっち？

テニスコート

A・1面
B・1幅

答え A

コートやグラウンド、リングなどは「面」で数えます。

365

正しい「数え方」はどっち？

ほうれん草

A・1房
B・1把

答え B

野菜の束や素麺の束など、束ねたものは「把」で数えます。

366

正しい「数え方」はどっち？

マンション

A・1軒

B・1棟

答え B

マンションは全体ならば「棟」、中の部屋ならば「戸」「室」で数えます。

367

正しい「数え方」はどっち？

イカ

A・1筋

B・1杯

答え B

イカは生きている間は「匹」ですが、食材として数えるときは「本」「杯」「盃《はい》」などと数えます。

368

正しい「数え方」はどっち？

蝶

A・1頭

B・1羽

答え A

「匹」も使います。アメリカでは動物園で飼育しているものを種類に関係なくheadで数えており、この数え方が日本にも伝わったため頭で数えるようになりました。

369

正しい「数え方」はどっち？

神様

A・1基
B・1柱

答え B

「柱」は高貴な人や神、霊を数える際に使用される数詞です。

370

正しい「数え方」はどっち？

箪《たん》笥《す》

A・1棹
B・1調

答え A

昔は箪笥などをかつぐ際に「棹」を使っていたことから、「1棹」「2棹」と数えます。

371

正しい「数え方」はどっち？

重箱

A・1箱
B・1重

答え B

重箱はセットなら「組」、重ねて使う箱の部分は「重（じゅう、かさね）」または「段」で数えます。

372

正しい「表記」はどっち？

A・シュミレーション
B・シミュレーション

答え B

あるシステムの挙動を同様の法則で支配されている他のシステムなどによってなぞらえること。英語の綴りにするとsimulationですので「シミュレーション」が正解です。

373

正しい「表記」はどっち？

A・カピバラ
B・カピパラ

答え A

ネズミ目の哺乳類。この目の中では最大。綴りはcapybaraなので「カピバラ」が正解です。

374

正しい「表記」はどっち？

A・カロテン
B・カロチン

答え A

緑黄色野菜に多く含まれる天然色素のこと。人参の橙色の元。かつては「カロチン」と呼ばれることもありましたが、『五訂日本食品標準成分表』上で「カロテン」と記載されるようになり、「カロテン」に統一されつつあります。

375

正しい「表記」はどっち？

A・ウオツカ
B・ウオッカ

答え A

ロシアの代表的な蒸留酒のこと。「ウオッカ」という表記もときどき見られますが、ローマ字で書くと「vodka」ですので、小さい「ッ」にはなりません。

376

正しい「表記」はどっち？

A・コンピューター
B・コンピュータ

答え A

内閣告示「外来語の表記」では「英語の語末の -er,-or,-ar などに当たるものは、原則としてア列の長音とし長音符号「ー」を用いて書き表す。ただし、慣用に応じて「ー」を省くことができる。」とあるため、computer は長音表記が原則に沿っています。

377

正しい「表記」はどっち？

A・アボカド
B・アボガド

答え A

英語の綴りにするとavocadoですので「アボカド」が正解です。

378

正しい「言い換え」はどっち？

食べることができる

A・食べれる
B・食べられる

答え B

受身、可能、自発、尊敬の意味を持つ助動詞「られる」の、「ら」が省かれてしまうことを「ら抜き言葉」といいます。「られる」は上一段動詞や下一段動詞、カ変動詞の未然形につき、「食べる」は下一段動詞なのでBが正解です。

379

正しい「言い換え」はどっち？

通ることができる

A・通れる
B・通られる

答え A

助動詞「れる」も受身、可能、自発、尊敬の意味を持ちます。「れる」は五段動詞とサ変動詞の未然形につき、「通る」は五段動詞なので「通れる」が正解です。

380

正しい「言い換え」はどっち？

喋ることができる

A・喋れる
B・喋られる

答え A

五段動詞なので「喋れる」が正解です。

381

正しい「言い換え」はどっち？

切ることができる

A・切れる
B・切られる

答え A

五段動詞なので「切れる」が正解です。

382

正しい「言い換え」はどっち？

着ることができる

A・着れる
B・着られる

答え B

上一段動詞なので「着られる」が正解です。

383

正しい「言い換え」はどっち？

来ることができる

A・来れる
B・来られる

答え B

カ変動詞なので「来られる」が正解です。

384

正しい「数」はどっち？

1坪

A・約2・4平方メートル

B・約3・3平方メートル

答え B

土地面積の単位。約3・3平方メートルのこと。建物などの広さを表す際に使用します。

385

正しい「数」はどっち？

1里

A・約3927メートル

B・約4220メートル

答え A

距離を測る単位。約3927・27メートルです。

386

正しい「数」はどっち？

1斤

A・600グラム

B・450グラム

答え A

重量の単位。尺貫法（日本古来の計り方）では600グラムです。食パンの量の単位として使用されることもあり、その場合は1斤350～400グラム前後です。

387

正しい「数」はどっち？

1斗

A・約18リットル

B・約20リットル

答え A

容量の単位。約18リットルです。1斗は10升《しょう》です。升は日本酒をはかる単位としても使われます。

388

正しい「数」はどっち？

1町

A・約180アール

B・約99アール

答え B

面積の単位。約99・17アールです。1町は10段で、1段は10畝、1畝は30歩です。

389

正しい「数」はどっち？

1尺

A・約42センチ

B・約30センチ

答え B

長さの単位。約30センチのことです。ちなみに1寸はこれの十分の一です。

390

正しい「漢字」はどっち？

目があう

A・会う
B・合う

391

正しい「漢字」はどっち？

あたたかい飲み物

A・温かい
B・暖かい

392

正しい「漢字」はどっち？

本性をあらわす

A・表す
B・現す

答え B

「合う」は合致する、一緒になる、「会う」（または逢う）は人とあうことや、対面することをさします。因みに「遭う」は災難や思いがけないことにあう場合に使います。

答え A

「温かい」は感触や抽象的なことに対して㊀温かい食べ物、温かい家庭、懐が温かい）、「暖かい」は気温や気象など㊀暖かい気候、空気が暖かい）に対して使われます。

答え B

「現す」は隠れていたものが見えるようになること㊀頭角を現す、敵が現れる）、「表す」は内側にあるものを表に出し示すこと㊀名は体を表す、成果が表れる）に使われることが多いです。「本性」の場合は「現す」を使います。

正しい「漢字」はどっち？

393

あわせて健康を祈る

A・併せて
B・合わせて

答え A

「併せる」は両立する、並べるという意味（たとえば「清濁併せのむ」「併せて配布する」など）、「合わせる」は一致させる、合計するという意味（例「合わせ技」「調子を合わせる」など）で使われます。

正しい「漢字」はどっち？

394

いしの疎通をはかる

A・意志
B・意思

答え B

「意思」は持っている考えや思い（例自由意思、意思を尊重する）のこと、「意志」は成し遂げようとする志《こころざし》（例意志が強い、意志薄弱）のことです。「意思」は法律用語として、「意志」は心理学用語として使用されることが多いです。

正しい「漢字」はどっち？

395

時代をうつす

A・写す
B・映す

答え B

「映す」は投影、反映などを、「写す」は物の姿形をそのまま他の物に残したりすることをさします。この場合は、時代を反映するという意味なので「映す」が正解です。

396

正しい「漢字」はどっち？

昭和うまれ

A・生まれ
B・産まれ

答え A

「生まれ」は誕生する、作り出すなどの意味で、「産まれ」は主に出産関係で使われます。ちなみに卵でも「産む」が使われます。

397

正しい「漢字」はどっち？

領土をおかす

A・侵す
B・犯す

答え A

「侵す」は侵害すること、「犯す」は法律や罪に対して使われます。ちなみに「冒す」はあえてすることをさします。

398

正しい「漢字」はどっち？

証拠をおさえる

A・押さえる
B・抑える

答え A

「押さえる」は物理的におさえること（例）要点を押さえる、傷口を押さえる）、確保すること、「抑える」はくいとめること、封じること、抑制すること（例）値段を抑える、抑えの投手）という意味があります。

正しい「漢字」はどっち？

399

商品を取引先におさめる

A・納める
B・収める

答え A

「納める」はしまい込むことや終えること、納入すること（例国庫に納める、仕事納め）、「収める」は収容したり、取り入れたりすること（例美術館に収める、風が収まる）です。

正しい「漢字」はどっち？

400

かいそうを食べる

A・海草
B・海藻

答え B

「海藻」はわかめや昆布、モズク、青のりなどの藻類のこと、「海草」はスガモやアマモなど、水中に生えている種子植物のことをさします。私たちが普段食しているのは「海藻」の方です。

正しい「漢字」はどっち？

401

料金をかいていする

A・改訂
B・改定

答え B

「改定」とはこれまで決まっていたものを決めなおすこと、「改訂」は書籍や文章の内容を直すことをいい、「改定」は「運賃の改定」「条例の改定」、「改訂」は「辞書を改訂する」「改訂版」などのように使われます。

402

正しい「漢字」はどっち？

テストのかいとう

A・解答
B・回答

答え A

「解答」は問題を解いて答えること、「回答」は質問や要求、アンケートなどに答えることをさします。

403

正しい「漢字」はどっち？

家庭をかえりみる

A・顧みる
B・省みる

答え A

「顧みる」は振り返ること（例「過去を顧みる」「結果を顧みる」）、気にかけることを、「省みる」は反省すること（例「自らを省みる」）を意味します。

404

正しい「漢字」はどっち？

1かげつ

A・1ヶ月
B・1か月

答え B

「ケ」は物を数える語です。「ケ」は「箇」の竹かんむり、または「个」に由来する符号で、カタカナの「ケ」とは異なる物です。近年は「か月」で統一されてきています。

405

正しい「漢字」はどっち？

自由がた

A・型
B・形

答え B

「形」はフォーム、姿、残るしるしのこと（例コの字形、跡形もなく）、「型」はパターンやタイプのこと（例血液型、型紙）をさします。

406

正しい「漢字」はどっち？

頭がかたい

A・堅い
B・固い

答え B

「固い」は緩いの反対の意味や、融通が利かないこと（例財布の紐が固い、固い団結）、「堅い」はもろいの反対の意味や堅実であること（例手堅い、お堅い仕事）という意味で使われます。

407

正しい「漢字」はどっち？

かわ製の鞄

A・皮
B・革

答え B

「革」は加工した皮に対して、「皮」は天然の皮、表皮に対して使います。

408

正しい「漢字」はどっち？

クラスがえ

A・替え
B・変え

答え A

「替える」は新しいものにすること、前のものをやめて別のものにすること(例)入れ替え、代替わり)、「変える」は変化すること(例)変わり身、心変わり)です。

409

正しい「漢字」はどっち？

絵画をかんしょうする

A・観賞
B・鑑賞

答え B

「鑑賞」は芸術作品などを理解して味わうこと、「観賞」は見て楽しむことです。風景などに対しては「観賞」を使います。

410

正しい「漢字」はどっち？

かんしんに耐えない

A・感心
B・寒心

答え B

「寒心」は恐れや不安などでぞっとすること。「感心」は本来は、上の者が下の者、もしくは同等の者に対して、感動して褒めること。「かんしんに耐えない」は、心配で仕方がない、という意味なので正解は「寒心」です。

411

正しい「漢字」はどっち?

扇風き

A・器
B・機

答え B

「機」は主に大型か複雑な構造のものに、「器」は主に小型かつくりが単純なものに使います。「機」を使用するものとしては、「洗濯機」「掃除機」「自動販売機」など、「器」を使用するものとしては、「消火器」「泡だて器」などがあります。

412

正しい「漢字」はどっち?

きうんが高まる

A・気運
B・機運

答え A

「気運」は時世の成り行きやその中で高まろうとする動きのこと、「機運」は時のめぐり合わせのことです。そのため、「高まる」のは「気運」です。

413

正しい「漢字」はどっち?

会社こうせい法

A・更生
B・更正

答え A

「更生」は生まれ変わること、立ち直ること(例)自力更生)、「更正」は改め正すこと(例)更正申告)をいいます。「会社こうせい法」は経営難に陥った株式会社を蘇らせることを目的とする法律ですので「会社更生法」です。

414

正しい「漢字」はどっち？

予想をこえる

A・超える
B・越える

答え A

「超える」は基準や限界を上回ること、「越える」はある地点や物、年月、時期などをこえて先に行くことを意味します。「超える」は「1万人を超える」「60％を超える」、「越える」は「年を越す」「塀を越える」といった場合に使われます。

415

正しい「漢字」はどっち？

祖父のさいごに立ち会う

A・最期
B・最後

答え A

臨終、死に際のことを「最期《さいご》」といいます。

416

正しい「漢字」はどっち？

保育し

A・師
B・士

答え B

「士」も「師」も資格や職名につきます。「士」がつく職業としては弁護士、測量士、理学療法士などが、「師」は教師、医師、美容師などがあります。「師」の方には「先生」や「指導者」というニュアンスを含むことが多いようです。

417

正しい「漢字」はどっち？

国語じてん

A・事典
B・辞典

答え B

「辞典」は言葉を集めて解説したもの、「事典」は事柄にまつわる言葉を集めて解説したもので、辞典は「古語辞典」「英和辞典」、事典は「百科事典」「歴史事典」などがあります。

418

正しい「漢字」はどっち？

レモンをしぼる

A・搾る
B・絞る

答え A

「搾る」は押し付けたりして水分を出す、無理に出させるという意味で、「牛乳を搾る」「年貢を搾り取る」などに使われます。「絞る」はねじって水分をとることや範囲を狭めることで、「雑巾を絞る」「狙いを絞る」という際に使用します。

419

正しい「漢字」はどっち？

じゃっかん20歳

A・弱冠
B・若干

答え A

「弱冠」は20歳の男性の異称。かつて中国で20歳を「弱」と呼び、この年になると冠をつけたことからこのように呼びます。「若干」はいくらか、多少などの意味があります。ちなみに女性や20歳以外には「弱冠」は使いません。

420

正しい「漢字」はどっち？

入会をすすめる

A・薦める
B・勧める

答え B

「勧める」は誘うことや差し出すこと、「薦める」は推薦することを意味します。

421

正しい「漢字」はどっち？

過去をせいさんする

A・清算
B・精算

答え A

「清算」は貸し借りを整理して後始末を付けること、関係を解消すること、「精算」は料金を計算し過不足を正すことです。

422

正しい「漢字」はどっち？

犯人をついきゅうする

A・追究
B・追及

答え B

「追及」は追いつめること、「追究」は深く研究することです。ちなみに「追求」は追い求めることです。

423

正しい「漢字」はどっち？

比較たいしょうする

A・対照

B・対象

答え A

「対照」は見比べたり照らし合わせたりすること、「対象」は相手や目標のことをさします。また、「対称」という表記もあり、これはつりあっていることをさします。

424

正しい「漢字」はどっち？

岬にたつ灯台

A・建つ

B・立つ

答え B

「立つ」は存在していることや起きるという意味が、「建つ」は建築するという意味があります。灯台をたてる場合は「建てる」ですが、今回は灯台が「たっている＝存在している」ので「立つ」が正解です。

425

正しい「漢字」はどっち？

議長をつとめる

A・務める

B・努める

答え A

「務め」は任務などの意味で「班長を務める」などのように使います。「努める」は努力する場合に用います。ちなみに、「勤め」は勤労などの意味で、「会社勤め」などのように使用します。

426
正しい「漢字」はどっち？
仲間どうし
A・同志
B・同士

答え B
「同士」は同じ関係、間柄、「同志」は同じ目的や主義、志を持つ者をさします。

427
正しい「漢字」はどっち？
はじめてくる場所
A・始めて
B・初めて

答え B
「初め」は最初のこと、時間の流れの頭の方のこと。「始め」はことの起こりのことです。

428
正しい「漢字」はどっち？
切手をはる
A・張る
B・貼る

答え B
のりなどで付けることを「貼る」、取り付けたりすることを「張る」と言います。切手はのりではるので「貼る」を使います。ちなみに「氷」や「根」、「ポスター」（掲示）などは「張る」を使います。

第6章

知っていると差がつく日本語

429

正しい「読み」はどっち？

忖度

A・ふたく
B・そんたく

答え B

「忖《そん》」「度《たく》」ともに「はかる」という意味があり、「忖度」で「他人の心中をおしはかる」という意味になります。

430

正しい「読み」はどっち？

胡乱

A・こらん
B・うろん

答え B

「胡《う》」は「でたらめ」という意味で、「胡乱《うろん》」と読み、「胡散臭い《うさん》」「いいかげん」という意味になります。「う」も「ろん」も唐音です。

正しい「読み」はどっち？

431

忸怩

A・じくじ

B・じっこん

答え A

恥ずかしくて赤面すること。自分の至らなさや未熟さを深く反省すること。

正しい「読み」はどっち？

432

鼎談

A・ていだん

B・けんだん

答え A

三人で話をすること。「鼎《てい》」は「かなえ」とも読み、3本足の容器のことを意味します。

433

正しい「読み」はどっち？

濫觴

A・かんしょく
B・らんしょう

答え B

「濫《らん》」は「溢《あふ》れる」または「うかべる」、「觴《しょう》」は「さかずき」という意味。大河も源はさかずきを浮かべるような、もしくはさかずきに溢れるほどの小さな流れであるという意味で、転じて「物事の起源」という意味です。

434

正しい「読み」はどっち？

儀仗

A・ぎじょう
B・ぎつえ

答え A

儀式の際に使用する装飾的な武器のことをさします。

正しい「読み」はどっち？

435

素封家

A・そほうか

B・すほうけ

答え A

大金持ちのこと。「素」はむなしいこと、無いこと、「封」は社会的な地位や領地という意味を持ちます。そして、「素封《そほう》」になると官位や領地がなくとも、諸侯と同程度の富を持つという意味になります。

正しい「読み」はどっち？

436

謙抑

A・けんぎょ

B・けんよく

答え B

「謙《けん》」は「へりくだり人に譲る」こと、「抑《よく》」は「おさえつける」ことで、「謙抑」で自分を低いものとし、行き過ぎた言動のないように気をつけること、という意味になります。

437
正しい「読み」はどっち？

恬淡

A・ていたん
B・てんたん

答え B

「恬澹」とも書き、あっさりしていて物事にこだわらない様子という意味があります。

438
正しい「読み」はどっち？

嘱目

A・しょくもく
B・ぞくめ

答え A

「属目」とも書きます。「嘱《しょく》」は「つける」の意で、「将来どのようになるか、目をつけて見守る」という意味となります。

正しい「読み」はどっち？

439

阿諛便佞

A・あゆべんねい

B・あゆべんめい

答え

A

「阿諛《あゆ》」はおべっかを言うこと、「便佞《べんねい》」は口が巧みだが心根がいじけている人のことをさします。あわせて、上手いことを言って取り入ろうとする誠実さのない人という意味になります。

正しい「読み」はどっち？

440

擅断

A・せんだん

B・だんだん

答え

A

「専断」とも書き、本来周囲の人に相談すべきなのに、自分だけで勝手に決めて物事を行ってしまうことをさします。

441

正しい「読み」はどっち？

弥栄

A・やえい
B・いやさか

答え B

「弥《いや》」は「いよいよ」「ますます」の意で、「弥栄《いやさか》」で、「これまでよりも益々栄える」という意味になります。

442

正しい「読み」はどっち？

傾城

A・けいじょう
B・けいせい

答え B

美人、遊女のこと。美人が色香で要人を惑わすために城や国が傾き滅びるという話が元になっています。

正しい「読み」はどっち？

443

病葉

A・わくらば

B・やまいは

病気などにより枯れた葉のことです。

答え A

正しい「読み」はどっち？

444

諫言

A・しんげん

B・かんげん

「諫《かん》」とは「いさめる」ことで、「諫言《かんげん》」で「目上の人をいさめること」「目上の人をいさめる言葉」という意味になります。

答え B

445

正しい「意味」はどっち？

権謀《けんぼう》術数《じゅっすう》をめぐらす

A・欺く策略をねる

B・物事の結果を占う

答え A

「権謀《けんぼう》」は「その場にあわせたはかりごと」、「術数《じゅっすう》」は「はかりごと」「戦略」という意味ですので、あわせて「人を欺くための策略」という意味になります。

446

正しい「意味」はどっち？

天網恢恢《てんもうかいかい》疎にして漏らさず

A・神様はどんな小さなものでも見守っている

B・天罰は決して逃れることができない

答え B

「天網」（悪を捕まえるための天の網）は「恢恢」（広くて大きい）で「疎《そ》」（あらい）だけれど、「漏らさず」（悪人を漏らさない）という意味です。

447

正しい「意味」はどっち？

盛観《せいかん》

A・立派で盛大な見物

B・行動的で鋭いこと

答え A

「盛観」とは盛大な見物、誰が見ても立派だと思う様子のことをさします。

正しい「意味」はどっち？

448

声望《せいぼう》

A・評判がよく人望があること

B・美しい声であること

答え A

「名声」と「人望」のことを「声望《せいぼう》」といいます。「声望家」「声望が高い」というように使います。

正しい「意味」はどっち？

449

兼摂《けんせつ》

A・兼任する

B・同時に摂取する

答え A

「兼」にも「摂」にも「かねる」という意味があり、「兼摂」で兼任、兼業することをいいます。

正しい「意味」はどっち？

450

廉潔《れんけつ》

A・赤貧

B・心がきれい

答え B

「廉《れん》」は潔いこと、欲がないこと、「潔」は穢れないこと、清いことをさします。あわせて「心が清く、私欲がない」という意味となります。「赤貧《せきひん》」はひどく貧しいことを意味します。

451

正しい「意味」はどっち？

奏上《そうじょう》

A・演奏して見せる

B・天子、君主、天皇などに申し上げる

答え B

「奏」には「天子に申し上げる」または「音楽を奏でる」「成し遂げる」などの意味がありますが、「奏上」は「天子に申し上げる」という意味になります。

452

正しい「意味」はどっち？

裁可《さいか》

A・天子、君主、天皇が判断して許可する

B・縫うことができる

答え A

部下が奏上したことを天子などが判断し許可することを「裁可」と言います。

453

正しい「意味」はどっち？

巧言令色《こうげんれいしょく》

A・うわべだけつくろうこと

B・弁が立ち見た目も美しいこと

答え A

「巧言」は口が上手いこと、「令色」は他人にこびる顔をすることです。そのため、「巧言令色」で「取り入るために口先だけで上手いことを言ったり、媚びてみせること」という意味になります。

454

正しい「意味」はどっち？

要諦《ようてい》

A・諦める

B・肝心要の

答え B

「諦」は「諦める」というイメージが強いですが、他に「あきらかにする」「まこと」などという意味もあります。「要諦」で「肝心なところ」という意味になります。

455

正しい「意味」はどっち？

閨閥《けいばつ》

A・力を持った派閥

B・政略結婚

答え B

「閨《けい》」には「婦人」「女性」の意味がありますので、妻の親戚関係で形成される派閥のことを意味します。

456

正しい「意味」はどっち？

衷心《ちゅうしん》

A・心の奥底

B・間を取る

答え A

「衷《ちゅう》」には「心の中」「まごころ」という意味があります。「衷心」は「心の底から本当にそう思う」という意味になります。

457

正しい「意味」はどっち？

払底《ふってい》

A・拭い去る
B・品切れ

答え B

「払底」は「底」を「払っても」なにもない、という意味で、物が欠乏すること、補充が追いつかないことをさします。

458

正しい「意味」はどっち？

披瀝《ひれき》

A・打ち明ける
B・見せびらかす

答え A

「披《ひら》き」「瀝《そそ》ぐ」の意味で、心の中を包み隠さず打ち明けることをさします。

459

正しい「意味」はどっち？

端倪《たんげい》すべからず

A・推測が及ばない
B・半端なことをしてはいけない

答え A

「端倪」は「物事の始めと終わり」または「推測する」という意味があります。これに「すべからず」がつき「測り知ることができない」という意味になります。

460

正しい「意味」はどっち？

灌木《かんぼく》

A・大きい木

B・低い木

答え B

「灌木」とは「低木《ていぼく》」のことで、人の背丈以下の高さの木を意味します。

461

正しい「意味」はどっち？

隠然《いんぜん》

A・表には出てこないが強い力を持っている

B・悪いことをたくらむ

答え A

「隠然」は表面に出てこないけれど強い支配力を持っている、という意味があります。

462

正しい「意味」はどっち？

清冽《せいれつ》

A・水がきれいなこと

B・心がきれいなこと

答え A

「清冽」の「冽《れつ》」は「つめたい」「激しい」という意味があり、「清冽」で「水が清く冷たい」という意味になります。

463

正しい「意味」はどっち？

峻拒《しゅんきょ》

A・きっぱり拒む

B・巨大な様子

答え A

「峻」は「厳しい」「山が高く険しい」、「拒」は「断る」「拒む」という意味で、「峻拒」で「厳しく断る」という意味です。

464

正しい「意味」はどっち？

瀑布《ばくふ》

A・大きな一枚の布

B・滝

答え B

「瀑」は高所から流れる水、滝のことです。「瀑布」でも「滝」という意味になります。

465

正しい「意味」はどっち？

白眉

A・特別に勝《まさ》っている人や物

B・年をとった人物

答え A

中国の故事に出てくる優秀な5兄弟の中でも、特に眉毛の中に白い毛があった人物が優秀であったことに由来し、同類の中で最も秀でているものや人のことをさします。

466

正しい「意味」はどっち？

剽悍《ひょうかん》

A・荒々しい

B・ひょうきん

答え A

「剽悍」の「剽」は「剽軽《ひょうきん》」の「剽」と同じ字で、「すばやい」という意味です。「悍」は「気が荒い」という意味です。そのため、「剽悍」は「素早くて強い」「性質が荒々しい」という意味になります。

467

正しい「意味」はどっち？

驟雨《しゅうう》

A・急に降り出す雨

B・霧のように細かい雨

答え A

「驟雨」はにわか雨のことです。「驟」には、「はやい」「にわか」という意味があります。

468

正しい「意味」はどっち？

月下氷人

A・仲人

B・美人

答え A

男女の仲を取り持つ人のことを「月下老人」といいます。また、仲人を「氷人」と呼びます。「月下氷人」はこの2つが合わさった言い方です。

論語　正しいのはどっち？

469

志学《しがく》は何歳？

A・15歳

B・10歳

答え A

「志学」は学問に志す、という意味があり、これは論語の「吾十有五而志于学」（十有五にして学に志し）に由来します。また、このことから「志学」は「15歳」の異名にもなっています。

論語　正しいのはどっち？

470

而立《じりつ》は何歳？

A・20歳

B・30歳

答え B

「而立」は論語の「三十而立」（三十にして立つ）に由来しますので、「30歳」のことを意味します。

論語　正しいのはどっち？

471

「四十にして○○」○○に入るのは？

A・迷わず

B・惑わず

答え B

論語の「四十而不惑」（四十にして惑わず）が元ですので、「惑わず」が正解です。

論語　正しいのはどっち？

472

60歳の別称は？

A・耳順《じじゅん》

B・知命《ちめい》

答え A

「耳順」は「六十而耳順」（六十にして耳従う、つまり何を聞いても素直に受け入れられるようになること）、「知命」は論語の「五十而知天命」（五十にして天命を知る）に由来するので、耳順は60歳、知命は50歳を表します。

473

正しい「年齢」はどっち？

孩提《がいてい》は何歳？

A・2、3歳

B・70歳

答え A

「孩提」の「孩」は「乳飲み子」という意味なので、「孩提」でおさなご、みどりごという意味です。

474

正しい「年齢」はどっち？

破瓜《はか》は何歳？

A・16歳

B・18歳

答え A

「瓜」の字を二等分すると「八」の字が2つできます。このことから、8＋8で16歳のことを意味します。これは女性に限ったことで、男性の場合は8×8で64歳を意味します。

475

正しい「年齢」はどっち？

華寿《かじゅ》の別名は？

A・はたち

B・還暦

答え B

「華」を分解すると十が6個と一になることから「数え年の61歳＝還暦」を意味します。

476

正しい「年齢」はどっち？

古希《こき》の正しい順番は？

A・丁年《ていねん》→卒寿《そつじゅ》→●

B・丁年→●→卒寿

答え B

「丁年」は60歳（場合によっては満20歳）のことです。「古希」は70歳のことで、「古稀」とも書きます。「卒寿」は90歳のことです。

477

正しい「年齢」はどっち？

傘寿《さんじゅ》は何歳？

A・30歳

B・80歳

答え B

「傘」の略字が八と十に見えることから80歳のことを意味します。

478

正しい「年齢」はどっち？

皇寿《こうじゅ》の別名は？

A・川寿《せんじゅ》

B・茶寿《ちゃじゅ》

答え A

「皇寿」は「111」歳を表しています。川寿も川の字が「1」が3本に見えることから111歳を、茶寿は「茶」を分解すると「十」「十」「八十八」となるのでその合計の108歳を意味します。

479
古語　正しい「意味」はどっち？
をかし
A・変だ
B・風情がある

答え B
「をかし」は「心惹かれる」「趣がある」「可愛い」などの意味がある、明るく感動を表す言葉です。

480
古語　正しい「意味」はどっち？
あはれ
A・情緒がある
B・恐ろしい

答え A
「あはれ」は「情緒がある」「しみじみ」「可愛い」「かわいそう」などの意味があり、暗く深い感動を表します。

481
古語　正しい「意味」はどっち？
なまめかし
A・みずみずしい
B・色っぽい

答え A
「なまめかし」は「生めかし」＝「新鮮」であり、「若くて美しい」という意味です。

482

古語 正しい「意味」はどっち?

やさし

A・つらい
B・簡単である

答え A

「痩す」という動詞からできた言葉で、「痩せるような思いをする」という意味です。そこから「つらい」「はずかしい」という意味になりました。

483

古語 正しい「意味」はどっち?

ありがたし

A・ありがたい
B・めずらしい

答え B

「ありがたし」は「あり」+「難し」で「あるのがむずかしい」、つまり「めったにない」「めずらしい」という意味です。

484

古語 正しい「意味」はどっち?

はしたなし

A・下品だ
B・中途半端だ

答え B

「はした」は「中途半端」、「なし」は「無い」ではなく、形容詞をつくる接尾語ですので、「はしたなし」で「中途半端である」、そこから転じて「きまりがわるい」「みっともない」という意味です。

485

二十四節季　正しいのはどっち？

雨水《うすい》は何月何日？

A・2月19日
B・6月18日

答え A

雨水が温み、草木が萌えはじめることをさします。

486

二十四節季　正しいのはどっち？

啓蟄《けいちつ》の正しい順番はどっち？

A・清明《せいめい》→春分《しゅんぶん》→●
B・●→春分→清明

答え B

「啓蟄」は虫が這い出てくる3月6日頃、「春分」は3月21日頃のことです。「清明」は4月5日頃で、「清新明暢《せいしんめいちょう》」（すがすがしい、明るくのびのびした）の気がみちている頃のことです。

487

二十四節季　正しいのはどっち？

芒種《ぼうしゅ》の正しい意味はどっち？

A・穀物を刈る季節
B・穀物の種を撒く季節

答え B

「芒種」は6月6日頃のことで、「芒《のぎ》」（イネ科の植物にある針のような突起のこと）がある穀物の種を撒く時期のことです。

488

二十四節季　正しいのはどっち？

大雪《たいせつ》の正しい順番はどっち？

A・小寒《しょうかん》→冬至《とうじ》→●

B・●→冬至→小寒

答え B

「大雪」は雪が降り続き春まで残る12月8日頃のこと、「冬至」は12月22日頃のことで、1年で昼が最も短い日です。「小寒」は1月6日頃のことで「寒《かん》」に入り寒さが厳しくなります。

489

二十四節季　正しいのはどっち？

白露《はくろ》の正しい順番はどっち？

A・●→寒露《かんろ》

B・寒露→●

答え A

「白露」は9月8日頃のことで、秋らしくなる時期です。「寒露」は10月9日頃のことで、気温が下がり露が増えます。

490

二十四節　正しいのはどっち？

8月にあるのはどっち？

A・大暑《たいしょ》

B・立秋《りっしゅう》

答え B

「立秋」は8月8日頃で、秋の初めのことです。「大暑」は7月23日頃のことで、暑さが1年中で最も厳しい時期のことをさします。

陰暦　正しいのはどっち？

491

睦月《むつき》は何月？

A・1月
B・6月

答え A

睦月は陰暦の1月の異称です。「むつびづき」、「むつびのつき」ともいいます。「睦」は一家中で「むつびあう＝仲良くする」という意味です。

陰暦　正しいのはどっち？

492

如月の正しい読み方はどっち？

A・きさらぎ
B・じょつき

答え A

「きさらぎ」は陰暦の2月の異称です。「衣更着」「更衣」とも書きます。「やよい」は「弥生」と書き、陰暦3月のことを意味します。

493

陰暦　正しいのはどっち？

文月《ふづき》の正しい順番はどっち？

A・葉月《はづき》→長月《ながつき》→●

B・●→葉月→長月

答え　B

文月は陰暦の7月、葉月は8月、長月は9月のことです。

494

陰暦　正しいのはどっち？

霜月《しもつき》の正しい順番はどっち？

A・●→神無月《かんなづき》→師走《しわす》

B・神無月→●→師走

答え　B

神無月は陰暦の10月、霜月は11月、師走は12月のことです。ちなみに、陰暦は1月から順番に、睦月《むつき》、如月《きさらぎ》、弥生《やよい》、卯月《うづき》、皐月《さつき》、水無月《みなづき》、文月《ふづき》、葉月《はづき》、長月《ながつき》、神無月《かんなづき》、霜月《しもつき》、師走《しわす》です。

月の名称　正しいのはどっち？

495

二日月《ふつかづき》の別名はどっち？

A・繊月《せんげつ》

B・眉月《まゆづき》

答え A

陰暦2日の細い月を「二日月」と言います。別名は「繊月」、または朔《さく》が終わっていることから「既《き》朔《さく》」ともいいます。「眉月」は三日月の別名です。

月の名称　正しいのはどっち？

496

上弦の月はどっち？

A・

B・

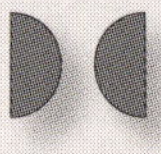

答え B

上弦の月は陰暦7、8日頃の月のことで、月の右側が輝いている状態です。沈むときに弦を上にした弓のようなかたちになるので「上弦の月」と呼ばれます。

月の名称　正しいのはどっち？

497

十日夜の正しい読み方はどっち？

A・とおかんや

B・とおかよる

答え A

陰暦10日頃の月のことで、「とおかんや」と読みます。

月の名称　正しいのはどっち？

498

十六日の正しい読み方はどっち？

A・いざよい

B・いそよい

答え A

「いざよい」と読みます。これは、満月の時よりも出てくるのが少し遅いため、その出てくるのをためらっているような状態を「いさよう」と呼んだことが由来です。

月の名称　正しいのはどっち？

499

更待月《ふけまちづき》の別名はどっち？

A・亥中《いなか》の月

B・臥待月《ふしまちづき》

答え A

更待月は陰暦20日の月のことです。更待月の別名「亥中の月」は亥の正刻＝午後10時くらいに昇る月のことです。「臥待月」は陰暦19日くらいの月のことで、臥床《ふしど》で待つことが由来です。

月の名称　正しいのはどっち？

500

三日月の異称として正しいのはどっち？

A・蛾眉《がび》

B・幻月《げんげつ》

答え A

三日月には別名が多く、眉の形に見えることから「眉月」、蛾の触角のような眉毛に見えることから「蛾眉」、その他「月の剣」、「初魄《しょはく》」などがあります。

【参考文献】

「7日間で基礎から学びなおす　カリスマ先生の古文」　土屋博映　PHP研究所
「新版　金田一先生の日本語○×辞典」　編者井上明美　学習研究社
「月とこよみの本」　監修・写真　林完次　宝島社
「月の名前」　文　高橋順子　写真　佐藤秀明　デコ
「日本語〝どうして〟Q&A100」　中村幸弘　右文書院
「意外と知らない『数え方』の辞典」　ビジネスリサーチ・ジャパン代表鎌田正文　三笠書房
「あっ　便利！　敬語早わかり事典」　東樹正明　学習研究社
「例解　誤字辞典【シリーズ　日本人の手習い】」　土屋道雄　柏書房
「日本人が必ず間違う日本語1000」　関根健一　宝島社
「つい間違える日本語」　監修金田一秀穂　大和書房
「常識として知っておきたい正しい日本語の練習」　監修前田安正　著者朝日新聞校閲センター　PHPエディターズ・グループ
「NHKアナウンサーも悩む　間違いやすい日本語1000」　編集NHKアナウンス室　NHK出版

「揺れる　日本語どっち？　辞典」　監修篠崎晃一　著神田龍之介　小学館
「勘違いことばの辞典」　編集西谷裕子　東京堂出版
「言えそうで言えない敬語」　本郷陽二　朝日新聞社
「NHK気になることば　『サバを読む』の『サバ』の正体」　編集NHKアナウンス室　新潮社
「日本語雑記帳」　田中章夫　岩波書店
「王道　日本語ドリル」　金武信弥　集英社
「『ことばの雑学』放送局　『新語・造語・迷用法』をアナウンサーが楽しく解説」　道浦俊彦　PHP研究所
「この日本語をちゃんと知っていますか？」　日本語表現研究会　PHP研究所
「『知らない』では恥をかく　正しい敬語の使い方」　永崎一則　PHP研究所
「日本語どっち!?」　北原保雄　金の星社

【監修者略歴】

瀬崎圭二（せざき・けいじ）

1974年、広島県生まれ。

東京大学大学院総合文化研究科博士課程修了。

現在、同志社大学文学部准教授。

著書に『漱石文学全注釈10　彼岸過迄』（若草書房、2005年）、『流行と虚栄の生成　消費文化を映す日本近代文学』（世界思想社、2008年）、『海辺の恋と日本人　ひと夏の物語と近代』（青弓社、2013年）など。

正しい日本語どっち？ 500

2016年　5月20日第一刷
2020年　3月10日第四刷

編　者　日本語力検定委員会

監　修　瀬崎圭二

発行人　山田有司

発行所　〒170-0005
株式会社　彩図社
東京都豊島区南大塚3-24-4
MTビル
TEL：03-5985-8213　FAX：03-5985-8224

印刷所　シナノ印刷株式会社
URL　http://www.saiz.co.jp　https://twitter.com/saiz_sha

 ISBN978-4-8013-0144-3 C0081